AF220289

Sudoku Trainer

Lösungwege
der 92 methodenbezogenen
Übungsaufgaben aus dem
Sudoku Kompendium

Dr. Wolfgang Hummel

Impressum

© 2022 Wolfgang Hummel
Vierte Ausgabe
Umschlaggestaltung, Illustration: Wolfgang Hummel
Lektorat: Lars Rudi, Stefanie Lerchner, Lucia Hummel
Korrektorat: Lars Rudi, Stefanie Lerchner
Herstellung und Verlag: BoD - Books on Demand Norderstedt
ISBN: 9-783755-778110

Das Werk, einschließlich seiner Teile, ist urheberrechtlich geschützt. Jede Verwertung ist ohne Zustimmung des Verlages und des Autors unzulässig. Dies gilt insbesondere für die elektronische oder sonstige Vervielfältigung, Übersetzung, Verbreitung und öffentliche Zugänglichmachung.

Bibliografische Information der Deutschen Nationalbibliothek: Die Deutsche Nationalbibliothek verzeichnet diese Publikation in der Deutschen Nationalbibliografie; detaillierte bibliografische Daten sind im Internet über
http://dnb.dnb.de
abrufbar.

Lösungswege der Übungsrätsel

Das Hauptwerk, das *Sudoku Kompendium*, enthält 92 methodenbezogene Übungsaufgaben. Hier, im Ergänzungsband, dem *Sudoku Trainer*, werden die Lösungswege dieser Rätsel dargestellt. Die Rätsel wurden so erzeugt, dass die zu übende Ausschlussmethode gleichzeitig die schwierigste Stelle im Lösungsverlauf bildet. Bei den meisten der 92 Übungsrätsel ist der Zwischenstand vor dem schwierigsten Schritt als Abbildung gezeigt.

Man kann also die im *Sudoku Kompendium* vorgestellten Übungsrätsel entweder von Anfang an lösen, oder nur das Auffinden und die Anwendung der zu übenden Methode an Hand des gezeigten Zwischenstandes üben.

In den Kapitelüberschriften bedeuten **M18, R22**, dass die Methode im *Kompendium* auf 18 beschrieben wird und dass das **R**ätsel im *Kompendium* auf Seite 22 zu finden ist.

Die folgende Notation wird benutzt:

- **(379)[C5]** oder **(379)[r3c5]** bezeichnet Feld C5 (Reihe 3, Spalte 5) mit den Kandidaten 3, 7 und 9.

- **[C5]=3** bedeutet: die Ziffer 3 wird in Feld C5 eingetragen. Das Feld ist gelöst.

- **[C5]≠3** bedeutet: Die Ziffer 3 wird als Kandidat in Feld C5 ausgeschlossen.

Bei der Beschreibung von einigen längeren Lösungswegen bezeichnet ▷ die unwichtigen Zwischenschritte und ▶ oder ● die eigentliche Methode, die es zu üben gilt.

1

Übungsrätsel 1 Scan... 12, R21

Das Rätsel ist mittels *Scannen*... *eitertem Scannen* zu lösen. Einer von vielen möglichen Lösu... ist:

[C9]=1, [B1]=3, [G7]=3, [C1]=4, [G8]=4, [I8]=1, [F8]=2, [A8]=7 *volles Haus*, [H5]=4, [D7]=4, [B9]=4, [C7]=5, [H7]=8 *volles Haus* und schließlich [A9]=8 *volles Haus*.

Weiter mit: [B5]=6, [H6]=6, [D3]=6, [G3]=5, [H3]=1, [C3]=8 *volles Haus*, [I1]=6, [H1]=2, [I9]=2, [I2]=7 *volles Haus*, [G2]=9 *volles Haus*, [H9]=7 *volles Haus* und [H4]=9 *volles Haus*. [D1]=7, [E1]=1, [F2]=8, [A2]=5 *volles Haus*, [A1]=9 *volles Haus*, [F1]=5 *volles Haus*, [F9]=9 *volles Haus*, [E5]=8, [D5]=3, [E9]=3, [D9]=5 *volles Haus*, [B4]=8, [B6]=5 *volles Haus*, [E4]=5, [E6]=2 *volles Haus*, [C5]=9, [G5]=2 *volles Haus*, [C4]=2, [C6]=7 *volles Haus*, [G4]=7, [G6]=1 *volles Haus*, [D4]=1 *volles Haus* und [D6]=9 *volles Haus*.

Übungsrätsel 2 Bestimmen M18, R22

Ein möglicher Lösungsweg besteht aus den folgenden Schritten:

[E4]=1, [A6]=1, [H1]=5, [I1]=1, [H8]=1, [G6]=9, [G8]=7, [I8]=3, [I7]=4, [H7]=8 *volles Haus*, [I5]=7, [I2]=9, [C8]=9, und der Schlüsselstelle: [C6]=3 *nackter Einser, Bestimmen*.

Nun weiter mit [D4]=3, [D5]=5, [C4]=5, [F4]=4, [A5]=4, [F5]=8 *volles Haus*, [B6]=8 *volles Haus*, [A9]=8, [B9]=3, [F9]=5, [B2]=7, [A2]=5, [G2]=3 und [A3]=3.

Schließlich [C2]=2, [B3]=4 *volles Haus*, [B8]=5 *volles Haus*, [H4]=2, [H2]=6 *volles Haus*, [E8]=4, [D2]=4, [E2]=8 *volles Haus*, [G1]=4, [G3]=2, [G4]=8 *volles Haus*, [I4]=6 *volles Haus*, [I3]=8 *volles Haus*, [F3]=6 *volles Haus*, [C9]=4, [C7]=7 *volles Haus*, [E9]=7 *volles Haus*, [A8]=6, [A7]=2 *volles Haus*, [D7]=6 *volles Haus*, [F8]=2 *volles Haus*, [F6]=7 *volles Haus*, [E6]=6, [E1]=2 *volles Haus*, [D1]=7 *volles Haus* und [D6]=2 *volles Haus*.

Übungsrätsel 3 verweisende Paare und Beanspruchen M28, R31

▷ Die *Einser* lauten: [A1]=6, [H2]=9, [B8]=9, [B6]=8, [C8]=8 und [A8]=3 (*nackter Einser*).

Nach dem mühsamen Eintragen aller möglichen Kandidaten ist der in Abb. 1 gezeigte Zwischenstand erreicht.

▶ Alle 1er in Block III (die 1er alleine gesehen) befinden sich in Spalte 7 und bilden somit ein *verweisendes Paar*, mit dem alle weiteren 1er in Spalte 7 ausgeschlossen werden können: [D7]≠1, [E7]≠1, [G7]≠1 und [H7]≠1. Damit wird die 1 in D9 zum *versteckten Einser* in Block VI: [D9]=1.

Ohne das Eintragen von Kandidaten argumentiert man mittels *erweitertem Scannen* so: Die 1 in A5 zwingt die 1 in Block III nach Spalte 7, womit in Block VI für die 1 nur noch D9 übrigbleibt.

▷ Mit *versteckten Einsern* wie: [F9]=9, [D5]=9, [A9]=7, [G9]=4, [I9]=8, [H9]=2 (*volles Haus*) und weiteren ist das Rätsel zu lösen.

Übungsrätsel 4 verweisende Paare und Beanspruchen M30, R32

▷ Die ersten Ziffern können mittels *Scannen* eingetragen werden: [G2]=3, [F5]=4, [A6]=5, [I6]=3, [A1]=8, [C5]=8, [H6]=6 (*nackter Einser*) und [F6]=9 (*nackter Einser*).

▶ Nachdem alle Kandidaten eingetragen sind, merkt man (siehe Zwischenstand in Abb. 2), dass sich die 1er in Block I alle in Spalte 2 befinden und somit ein *verweisendes Paar* bilden, mit dem die weiteren 1er in Spalte 2 ausgeschlossen werden können: [I2]≠1.

▶ Weiterhin sind die 4er von Block VII auf Spalte 1 beschränkt. Mit diesem *verweisenden Paar* können alle weiteren 4er in Spalte 1 ausgeschlossen werden: [B1]≠4.

3

	1	2	3	4	5	6	7	8	9
A	6	8	9	2 4 5	1	2 4 5	2 4 7	3	2 4 7
B	1 3	2 3	1 2 3 4	6	7	8	1 2 4	9	5
C	1 3 5 7	2 3 5 7	1 2 3 4 7	2 3 4 5	2 3 5	9	1 2 4 7	8	6
D	3 7 8	2 3 6 7	5	1 2 3 7 8	2 3 6 9	1 2 3 7	1 6 7	4	1 7 9
E	9	4	6 7 8	1 5 7 8	5 6	1 5 7	1 5 6 7	2	3
F	3 7	1	2 3 6 7	2 3 4 5 7	2 3 5 6 9	2 3 4 5 7	8	5 6	7 9
G	2	3 5 6 7	1 3 6 7 8	9	3 5	1 3 5 7	1 3 4 5 6	1 5 6	1 4 8
H	4	9	1 3 7	1 2 3 5 7	8	6	1 2 3 5	1 5	1 2
I	1 3 5 8	3 5 6	1 3 6 8	1 2 3 5	4	1 2 3 5	9	7	1 2 8

Abbildung 1: Zwischenstand von Übungsrätsel 3
verweisende Paare und *Beanspruchen*

	1	2	3	4	5	6	7	8	9
A	8	1 2 4 6 7	2 6 7	6 7 9	3 6 9	5	1 2 3 4 7 9	1 2 3 4 7 9	1 7 9
B	4 5 6 7	4 5 6 7	9	2	3 6	1	3 4 7	3 4 5 7	8
C	3	1 2 5 7	2 5 7	7 9	8	4	6	1 2 5 7 9	1 7 9
D	2 5 6 9	2 5 6	4	1 6	7	2 8	1 3 8 9	1 3 6 8 9	1 6 9
E	2 6 7 9	2 6 7	3	5	1 6	2 8	1 7 8 9	1 6 7 8 9	4
F	6 7	8	1	3	4	9	5	6 7	2
G	1 2 4 6	3	2 6	1 9	5	7	1 2 4 8 9	1 2 4 6 8 9	1 6 9
H	1 4 5 7	9	5 7	8	2	6	1 4 7	1 4 7	3
I	1 2 6 7	1 2 6 7	8	4	1 9	3	1 2 7 9	1 2 6 7 9	5

Abbildung 2: Zwischenstand von Übungsrätsel 4 *verweisende Paare* und *Beanspruchen*

► Die 7er von Spalte 9 sind auf Block III beschränkt. Alle weiteren 7er von Block III können mittels *Beanspruchen* ausgeschlossen werden: [A7]≠7, [A8]≠7 und [B7]≠7, [A8]≠7 und [C8]≠7.

► Letztlich sind die 7er in Zeile 2 auf Block I beschränkt. Die weiteren 7er in Block I können mittels *Beanspruchen* ausgeschlossen werden: [A2]≠7, [A3]≠7, [C2]≠7 und [C3]≠7.

▷ Nun folgen bis zum Rätselende nur noch *versteckte Einser* wie [H3]=7, [H1]=5, [D2]=5, [C3]=5, [B8]=5, [G1]=4, und mit fortschreitendem Einsetzen der Lösungsziffern auch mehr und mehr *volle Häuser*.

Übungsrätsel 5 versteckter Dreier M39, R43

▷ Phase 1: *Scannen* und *Bestimmen*. In den Zeilen A, B und C ergeben sich die 1 in A8 (kurz [A8]=1), [B5]=1 und [A5]=4.

▷ In den Zeilen D, E und F ergeben sich: [F3]=2 und [D8]=7.

▷ In den Zeilen G, H und I ergibt sich nur [G6]=4 mittels *erweitertem Scannen*.

In den Spalten 1, 2 und 3 ergeben sich mittels *Scannen* keine weiteren Ziffern zum Eintragen. In den beiden letzten Bahnen, bestehend aus Spalten 4 bis 9 ebenso wenig.

► Phase 2: Bei einem zweiten Durchscannen werden die Ziffern als Kandidaten eintragen, die nur zweimal in einem Block vorkommen. Dieser Zwischenstand ist in Abb. 3 gezeigt. Es erscheinen drei versteckte *Paare*: (38)[B7, C8], (94)[E2, F2] und (82)[H5, I5]. In Block III ergibt sich noch ein weiteres *Paar* (56)[A9, B9]. Mit letzterem *nackten Paar* wird die 5 und die 6 in E9 ausgeschlossen ([E9]≠5, [E9]≠6), womit sich in Block VI [D7]=6 und [E8]=5 ergeben. Damit folgt [E1]=6 und [A2]=6, [A9]=5, [B9]=6 und schließlich [A1]=8. Damit sind die Ausschlussmöglichkeiten in Phase 2, der Phase mit nur teilweise eingetragen Kandidaten, erschöpft.

► Phase 3: Nun werden die restlichen Kandidaten eintragen.

	1	2	3	4	5	6	7	8	9
A			9	2	4	3	7	1	5 6
B	7	2	3	8 9	1	5 9	3 8	4	5 6
C	4	3 7	1	8	6	5	9	3 8	2
D	1	5	5	4	9	2	6	7	3
E		4 9	7	1	3	8	2	5	4 5 6
F	3	4 9	2	5	7	6	4		1
G	9		6	3	5	4	1	2	8
H	2 5	1	5	3 9	2 8	9	4	6	4 7
I	2	3 8	4	6	2 8	1	5	2 9	7 9

Abbildung 3: Erster Zwischenstand des Rätsels von Übungsrätsel 5, nachdem nur die Kandidaten eingetragen sind, die in einem Block zweimal vorkommen.

	1	2	3	4	5	6	7	8	9
A	8	6	9	2	4	3	7	1	5
B	5 7	2	5 3	7 8 9	1	5 7 9	3 8	4	6
C	4	5 3 7	1	7 8	6	5 7	9	3 8	2
D	1	5 8	5 8	4	9	2	6	7	3
E	6	4 9	7	1	3	8	2	5	4 9
F	3	4 9	2	5	7	6	4 8	8 9	1
G	9	3 7	6	3 7	5	4	1	2	8
H	2 5 7	1	3 5 8	3 7 9	3 2 8	7 9	4 3	6	4 7
I	2 7	3 7 8	4	6	2 8	1	5	3 9	7 9

Abbildung 4: Zweiter Zwischenstand von Übungsrätsel 5, nachdem alle Kandidaten eingetragen sind.

Dabei ist zu beachten, dass zu den in Phase 2 eingetragenen Kandidaten innerhalb eines Blocks nicht unnötigerweise wieder weitere Kandidaten dazu geschrieben werden. Der Vorteil von Phase 2 besteht ja darin, dass man die mit *Block-Reihen* auszuschließenden Kandidaten erst gar nicht einträgt.

Im einzelnen wird bei diesem Rätselstand das Spielfeld nur noch durch folgende Kandidaten ergänzt:

In Block I: Kandidat 5 in B1, B3 und C2.

In Block II: Kandidat 7 in B4, B6, C4 und C6.

In Block IV: Kandidat 8 in D2, und D3.

In Block VI: Kandidat 8 in F7, F8 und Kandidat 9 in E9 und F8.

In Block VII: Kandidat 3 in G2, H3 und I2, Kandidat 7 in G2, H1, H3, I1 und I2.

In Block VIII: Kandidat in G4 und H4 und Kandidat 7 in G4, H4 und H6.

In Block IX schließlich Kandidat 3 in G8, H7 und I8.

▶ Wegen des *nackten Paares* 37[G2, G4] (das *nackte Paar* erstreckt sich über mehr als einen Block und kann deshalb in Phase 2 nicht entdeckt werden) folgt [G8]=2. Der Zwischenstand mit allen Kandidaten ist in Abb. 4 gezeigt. Es folgt nun die schwierigste Stellung, die es zu finden gilt. Der *versteckte Dreier* in Zeile H besteht aus den Kandidaten 2, 5 und 8, die nur in den drei Feldern H1, H3 und H5 vorkommen. Deshalb kann 7 in H1 und 3 in H3 ausgeschlossen werden. Alternativ bilden die Felder H4, H6, H7 und H9 einen *nackten Vierer* mit den Kandidaten 3, 4, 7 und 9, womit ebenfalls 7 in H1 und 3 in H3 ausgeschlossen werden kann. Danach ist das Rätsel mit *Einsern* zu lösen. Der nächste Schritt wäre [B3]=3, da diese 3 als *versteckter Einser* die einzige 3 in Spalte 3 ist. Die weiteren Lösungsschritte sind dem Leser überlassen.

Übungsrätsel 6 nackter Dreier M35, R44

Nach dem Eintragen aller *versteckter Einser* und *nackten Einser* kommt man schließlich zu der in Abb. 5 gezeigten Spielstellung. Dabei kann man in Phase 2 in einigen Blöcken Paare eintragen wie z. B. (23)[H1, I2], und (16)[D5, D6]), aber es kommt zu keinem weiteren Ausschluss. Der *nackte Dreier* besteht aus den Feldern (23)[B1] (123)[B2] und (12)[B4], womit 1 und 2 in B5 und 1 in B7 ausgeschlossen werden können. Nach diesem Schritt ist der Rest des Rätsels mit *versteckten Einsern* zu lösen.

	1	2	3	4	5	6	7	8	9
A	7	1 2 8	9	3	1 2 4 6	1 6	5	4 8	1 8
B	2 3	1 2 3	5	1 2	1 2 4 9	8	1 7	4 7 9	6
C	6	1 8	4	5	1 9	7	3	8 9	2
D	5	4	3	9	1 6	1 6	8	2	7
E	9	6	1	7	8	2	4	5	3
F	8	7	2	4	5	3	6	1	9
G	4	9	7	6	1 3	5	2	3 8	1 8
H	2 3	5	8	1 2	1 2 3 7	9	1 7	6	4
I	1	2 3	6	8	2 3 7	4	9	3 7	5

Abbildung 5: Zwischenstand von Übungsrätsel 6, nachdem alle Kandidaten eingetragen sind. Ein *nackter Dreier* in Zeile B löst das Rätsel.

Übungsrätsel 7 xy-Flügel und xyz-Flügel

M58,62, R76

▷ In Phase 1 findet man: [G3]=2, [F5]=2, [E8]=5, [E9]=4, [E6]=3, [B1]=3, [D2]=3, [C5]=3, [D5]=4, [H5]=1, [A4]=4, [I4]=2, [C7]=5, [I6]=6, [A1]=9.

▷ In Phase 2, in der man nur die Kandidaten einträgt, die in einem Block zweimal vorkommen, ergeben sich keine weiteren Ausschlüsse. Hat man nun, in Phase 3, alle Kandidaten eingetragen, ergeben sich folgende Ausschlüsse:

▷ Ein *verweisendes Paar* 1[GI2] woraus [A2]≠1 und [C2]≠1 folgt.

▷ Ein *verstecktes Paar* in (27)[A69] womit sich [A6]≠1 und [A9]≠18 ergibt.

▶ Nun folgt der *xy-Flügel* in A2, I2 und A8, womit sich [A8]≠1 ausschließen lässt.

▷ Dann kann man ein paar 4er eintragen: [I8]=4, [H1]=4, [B7]=4 und [C3]=4.

▶ Die schwierigste Stelle ist ein *xyz-Flügel* in C2, C8 und A8 womit man die 8 in C9 ausschließen kann: [C9]≠8.

▷ Der Rest des Übungsrätsels ist mit *versteckten Einsern* zu lösen.

Übungsrätsel 8 xyz-Flügel M58,62, R77

▷ Nach dem Eintragen aller *versteckten Einser* und dem Eintragen aller Kandidaten kann man mit *Beanspruchen* in den folgenden Feldern die 1 ausschließen: G1, G2, I1, I2, und I3. Weiterhin ein *verweisendes Paar* in der 7, womit man die 7 in A3 ausschließen kann.

▷ Noch ein *verweisendes Paar* in der 8 führt zum Ausschluss der 8 in G1, G8 und G9. Mit einem letzten *verweisenden Paar* in der 9 kann man die 9 in C1 ausschließen. Dann folgt ein *versteckter Einser* womit man [C2]=1 eintragen kann. Mit einem *nackter Dreier* in Spalte 3

	1	2	3	4	5	6	7	8	9
A	3 4 5 7 9	3 5	4 9	**6**	3 4	**2**	**1**	3 7 8	3 4 5 7 8
B	3 4 5	**2**	**6**	**7**	**8**	**1**	3 4	**9**	3 4 5
C	3 4 7	**1**	**8**	4 9	**5**	3 4 9	**6**	3 7	**2**
D	**6**	**9**	3 7	**2**	3 4 7	3 4 8	3 4 8	**5**	**1**
E	1 3	**8**	**5**	1 4 9	**6**	3 4 9	**7**	**2**	3 4
F	**2**	**4**	1 3 7	1 7 8	1 3 7	**5**	3 8	**6**	**9**
G	3 4	3 6	**2**	1 4 8	**9**	4 8	**5**	1 3 7	3 6 7
H	1 3 8	**7**	1 3	**5**	**2**	**6**	**9**	**4**	3 8
I	4 5 8 9	5 6	4 9	**3**	1 4	**7**	**2**	1 8	6 8

Abbildung 6: Zwischenstand von Übungsrätsel 8. Es gilt einen *xyz-Flügel* und einen *xy-Flügel* zu finden.

kann man die 3 in A3 ausschließen. Der Zwischenstand ist in Abb. 6 gezeigt.

▶ Es folgt nun ein *xyz-Flügel* in B1, G1 und A2, womit die 3 in A1 und in C1 ausgeschlossen werden kann. Danach ein *xy-Flügel* in C1, G1 und C8, womit die 3 in G8 fällt. Ebenso gibt es einen *xy-Flügel* in den Feldern C8, C1 und B7, womit die 4 in B1 fällt.

▷ Danach gelangt man mittels *Block-Reihen-Wechselwirkung* zu den folgenden Ausschlüssen: [A9]≠3, [B9]≠3, [E9]≠3, [B7]≠3 und [A9]≠4. Die restlichen Lösungsschritte bestehen aus *versteckten Einsern*.

Übungsrätsel 9 X-Flügel M84, R86

▷ Mit *Scannen* lassen sich folgende Felder lösen: [A5]=4, [E7]=5, [D6]=7, [F6]=3, [D1]=3, [D8]=4, [F1]=4, [I6]=5 und [A6]=9. Überspringt man Phase 2 und trägt alle Kandidaten ein, folgen zwei *verweisende Paare*: [A2]≠5, sowie [A9]≠8 und [B9]≠8.

▶ Hier gibt es nun zwei *X-Flügel*, beide in Zeile C und G; einen im Kandidaten 1 und einen im Kandidaten 6. Damit lassen sich folgende Kandidaten ausschließen: [A2]≠1, [I2]≠1, [A7]≠1, [H7]≠1, [I7]≠1, [A2]≠6, [I2]≠6, [A8]≠6 und [I8]≠6.

▷ Es ergeben sich ein *nacktes Paar* in Spalte 2 (78)[A2][I2], mit [D2]≠8, [F2]≠8, [G2]≠7, als auch ein *verstecktes Paar* (16)[C2] (16)[G2], mit [C2]≠9 und [G2]≠7.

▷ Damit lassen sich ein paar Felder lösen: [E3]=8, [E5]=9, [I4]=9, [F4]=1, [A4]=6, [D4]=2 und [B5]=2.
▷ Nach dem *xy-Flügel* in den Feldern B3, B7 und A2, der zu den Ausschlüssen [A7]≠8 und [B1]≠8 führt, ist das Rätsel ohne weitere Hürden zu lösen.

14

Übungsrätsel 10 X-Flügel M84, R87

▷ Mit *Scannen* lassen sich folgende Felder lösen: [A9]=1, [E4]=1, [E1]=2, [E3]=3, [A4]=6, [I4]=3, [D5]=6, [E9]=6, [F5]=7, [E6]=4, [E7]=7, [E2]=8, [E8]=5, [D1]=5, [D9]=4, [F1]=4, [F9]=8, [G1]=1 (*nackter Einser*), [I5]=1 und [H5]=5 (*nackter Einser*).

▷ Nun ergibt sich ein *xy-Flügel* in [G9] [G3] [I8] mit [I3]≠4 und [G7]≠4.

▷ Danach einfach [G3]=4 und ein *verweisendes Paar*: [I7]≠5 und [I9]≠5.

▶ Es zeigt sich der *X-Flügel* in den Zeilen C und G: [A5]≠2 und [I9]≠2.

▶ Ebenso ein *X-Flügel* für den Kandidaten 9 in den Zeilen B und H: [A1]≠9, [I1]≠9 und [I9]≠9.

▷ Danach nur folgen nur noch *nackte* und *versteckte Einser*.

Übungsrätsel 11 Wolkenkratzer M88, R93

▷ Die *Einser* lauten: [I6]=1, [F8]=1, [D5]=3, [A4]=3, [H9]=4, [C9]=1, [A3]=1, [A2]=5, [A7]=6, [A5]=2, [A6]=7, [E9]=6, [D9]=5, [B9]=7, [E6]=5, [F1]=5, [F5]=6, [G2]=7, [F4]=7, [E4]=2, [I4]=4, [H4]=8, [I7]=7, [I3]=8, [B3]=6, [H2]=6, [H1]=2, [G1]=1, [G3]=4, [H7]=1, [H8]=9, [I8]=6, [I5]=5, [G5]=9, [G8]=5, [G7]=3, [F2]=8 und [F3]=2.

Der Zwischenstand ist in Abb. 7 dargestellt.

▶ Nach einem Wolkenkratzer in der 4:

$$4[C2] - 4[C5] = 4[E5] - 4[E1] = 4[B1] - 4[C2] : \quad [C2] \neq 4$$

ist das Rätsel wieder mit *Einsern* zu lösen.

	1	2	3	4	5	6	7	8	9
A	8	5	1	3	2	7	6	4	9
B	4 ^{3}	4 ^{2}	6	9	1	4 $_{8}$	5	2 3 $_{8}$	7
C	7	4 ^{2} $_{9}$	^{3} $_{9}$	5	4 $_{8}$	6	2 $_{8}$	2 3 $_{8}$	1
D	6	4 $_{9}$	7	1	3	4 $_{8}$	2 $_{8\,9}$	2 $_{8}$	5
E	4 ^{3}	1	^{3} $_{9}$	2	4 $_{8}$	5	$_{8\,9}$	7	6
F	5	8	2	7	6	9	4	1	3
G	1	7	4	6	9	2	3	5	8
H	2	6	5	8	7	3	1	9	4
I	9	3	8	4	5	1	7	6	2

Abbildung 7: Zwischenstand von Übungsrätsel 11.

Übungsrätsel 12 Lenk-/Flugdrachen M90, R94

▷ Die *Einser* lauten: [G9]=1, [B7]=3, [E9]=3, [B3]=7, [B4]=1, [B8]=4, [A3]=1, [I6]=1, [G2]=7, [A7]=8, [A9]=2, [A2]=6, [D7]=7, [D5]=2, [F5]=1, [D1]=1, [C5]=4, [C9]=7, [C8]=6, [A6]=7, [A5]=3, [A4]=5, [G5]=9, [G6]=3, [F1]=8, [G3]=8, [C4]=9, [C6]=8, [H4]=8 [I4]=2 [E4]=4 und [H6]=4.

Trägt man nun sofort alle Kandidaten ein (man überspringt Phase 2), müssen die folgenden sechs Kandidaten ausgeschlossen werden:

▷ *Verweisendes Paar*: [H3]≠6, und [I3]≠6.

▷ *Beanspruchen*: [D9]≠6 und [E7]≠6.

▷ *Nacktes Paar*: [H7]≠6 und [H7]≠9.

Trägt man stattdessen zuerst nur die Kandidaten ein, die in einem Block zweimal vorkommen (Phase 2) und vervollständigt danach mit den fehlenden Werten, erspart man sich die oben gezeigten Ausschlüsse.

▶ Bei diesem Zwischenstand, der in Abb. 8 dargestellt ist, kommt entweder mit einem *xyz-Flügel* in [D2] [F2] [D9] mit [D3]≠4 weiter, oder

ein Lenkdrachen in der 9:

$9[E3] - 9[E7] = 9[I7] - 9[H9] = 9[H3] - 9[E3] : [E3] \neq 9$

oder ein *Wolkenkratzer* in der 9:

$9[E7] = 9[I7] - 9[I2] = 9[D2] : [E3] \neq 9, [D9] \neq 9$

das Rätsel. Der weitere Lösungsweg besteht aus *Einsern*.

Übungsrätsel 13 Einfache Farbzuweisung, Regel 1, externer Ausschluss M95, R101

▷ Phase 1: Die einfach zu ermittelnden Ziffern sind: [G5]=1, [E3]=2, [F9]=2, [D6]=2, [B7]=2, [G8]=2, [G4]=5 (*nackter Einser*),

	1	2	3	4	5	6	7	8	9
A	4	6	1	5	3	7	8	9	2
B	9	8	7	1	6	2	3	4	5
C	5 3	5 3	2	9	4	8	1	6	7
D	1	4 5 9	4 5 6 9	3	2	5 6	7	8	4 9
E	7	2	5 6 9	4	8	5 6	5 9	1	3
F	8	4 5	3	7	1	9	2 5 6	2 5	4 6
G	2 5	7	8	6	9	3	4	2 5	1
H	2 5 6	1	5 9	8	7	4	2 5	3	6 9
I	3 6	3 4 9	4 9	2	5	1	6 9	7	8

Abbildung 8: Zwischenstand von Übungsrätsel 12.

[E5]=5, [I1]=5, [B2]=5, [B1]=7, [G2]=7, [G1]=8, [G7]=4 (*nackter Einser*), [G3]=9 (*volles Haus*), [I3]=4, [H3]=6, [I6]=6, [F1]=6 und [A2]=6.

▷ Phase 2: (Nur die Kandidaten eintragen, die in einem Block zweimal vorkommen): [F8]=3, [I7]=3.

▷ Phase 3: (Die restlichen Kandidaten eintragen): [D7]=6 (*nackter Einser*), [E4]=6, [D4]=3 und [E2]=3.

▷ Wenn man Phase 2 übersprungen hat und Block V noch nicht aus zwei *nackten Paaren* besteht, wird man mittels *Beanspruchen* und *verweisenden Paaren* die folgenden Kandidaten ausschließen: [D5]≠4, [E6]≠4 und [E6]≠7.

▷ Beim Betrachten der zweiwertigen Felder findet man einen *xy-Flügel* in (89)[E6], (79)[H6] und (87)[E9]: [H9]≠7.

▷ Damit ergibt sich ein weiterer *xy-Flügel* in (89)[H9], (78)[E9] und (89)[I8]: [E8]≠7.

▶ Da kein komplexerer Flügel zu finden ist, probiert man es am Besten mit den Einziffermethoden (Siehe Abb. 9). Für die 1er findet man nur drei *starke Paare*. Die 2er und die 6er sind bereits gelöst. Die 3er Kandidaten konzentrieren sich auf eine Bahn (Zeile A, B und C). Die beiden *starken Paare* der 3er sehen sich nicht. Alle 4er sind in einem Farbzuweisungsnetz ohne externe Kandidaten zusammengeschlossen. Kennt man eine 4, kennt man alle 4er. Die vier 5er bilden, wie die 4er, ein Farbzuweisungsnetz ohne Ausschlussmöglichkeiten. Die 7er und die 8er ebenso. Das Farbzuweisungsnetz in der 9 hat nun mehrere externe Kandidaten in Block III und in Block IX, wovon die 9 in [A8] sowohl die 9 in A1 (als Fünfeck markiert) als auch die 9 in I8 (als Rechteck markiert) mit unterschiedlichen Farben sieht. Damit ist [A8]≠9 und die Schlüsselstelle überwunden.

▷ Nach einem *xy-Flügel* [C7], [H7] und [A8]: [H8]≠7, [I8]≠7) ist das Rätsel mit *Einsern* zu lösen.

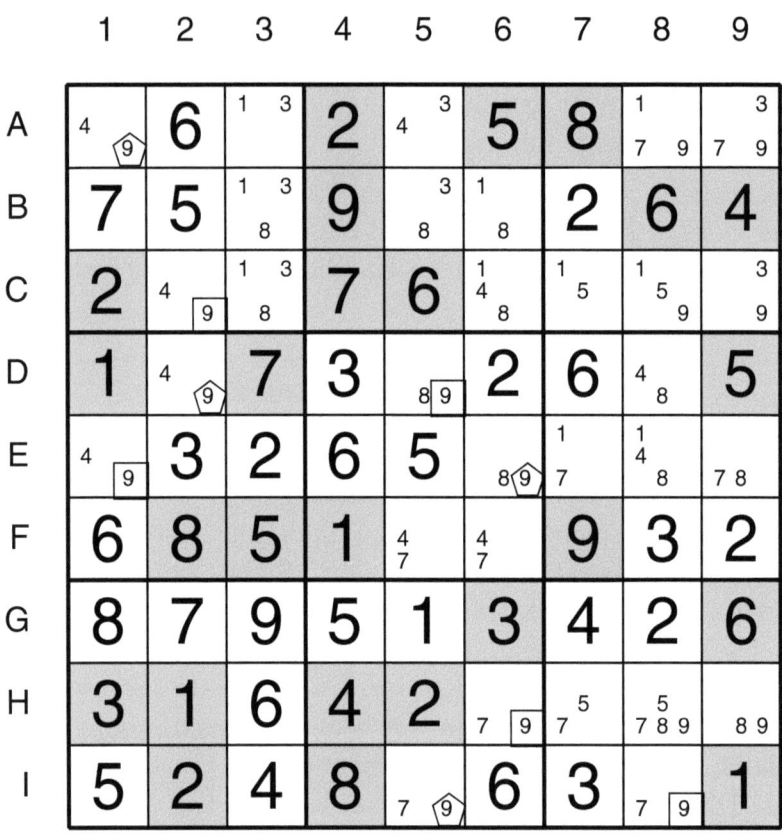

Abbildung 9: Zwischenstand von Übungsrätsel 13. Das Farbzuweisungsnetz in der 9 ist bereits markiert.

Übungsrätsel 14 Einfache Farbzuweisung, Regel 2, interner Ausschluss M98, R107

▷ Phase 1: Die *versteckten Einser lauten*: [H7]=1, [F1]=4, [H4]=4, [H5]=5, [C3]=6, [G5]=6, [H9]=6, [H2]=8, [H3]=3, [I9]=3, [H8]=2, [I1]=2, [H1]=7, [H6]=9, [I6]=8, [E7]=9, [E9]=8, [A1]=9, [B1]=8, [E1]=5, [A7]=8, [B7]=3 und [F2]=9.

▷ Wenn man Phase 2 überspringt und sofort alle Kandidaten einträgt, findet man ein *verweisendes Paar*: [E5]≠1 und eine *Block-Reihen-Wechselwirkung*: [F4]≠3 und [F6]≠3.

▶ Die Spielstellung ist in Abb. 10 dargestellt. Im Farbzuweisungsnetz für die 2 sehen sich in Spalte 5 zwei 2er derselben Farbe (hier mit Rechteck markiert), womit sich fünf 2er dieser Farbe ausschließen lassen: [B5]≠2, [C7]≠2, [D3]≠2, [E5]≠2 und [F9]≠2.

▷ Danach lässt sich das Rätsel mit *Einsern* lösen.

Übungsrätsel 15 Mehrfachfarbzuweisung, Regel 1, externer Ausschluss M102, R112

▷ Phase 1: Mit den folgenden *versteckten Einsern*: [A1]=2, [D8]=2, [B9]=2, [G3]=4, [B5]=4, [E6]=4, [C7]=4, [E1]=5, [G5]=5, [C9]=5, [F3]=7, [F8]=8, [F5]=9, [G4]=9 und [A3]=9 sind die ersten Schritte getan.

▷ Wenn man auf Phase 2 verzichtet und alle Kandidaten sofort einträgt, zeigen sich folgende *verweisende Paare*: [A4]≠1, [A5]≠1, [C4]≠3, [C4]≠6, [A4]≠8 und [H7]≠8.

Der Zwischenstand ist in Abb. 11 dargestellt.

▶ Die 3er können auf mehr als zwei Farbzuweisungsnetze aufgeteilt werden. Das erste Netz, in Abb. 11 mit unterschiedlichen Dreiecken △ und ▽ markiert, besteht aus vier 3ern. Das zweite Netz besteht

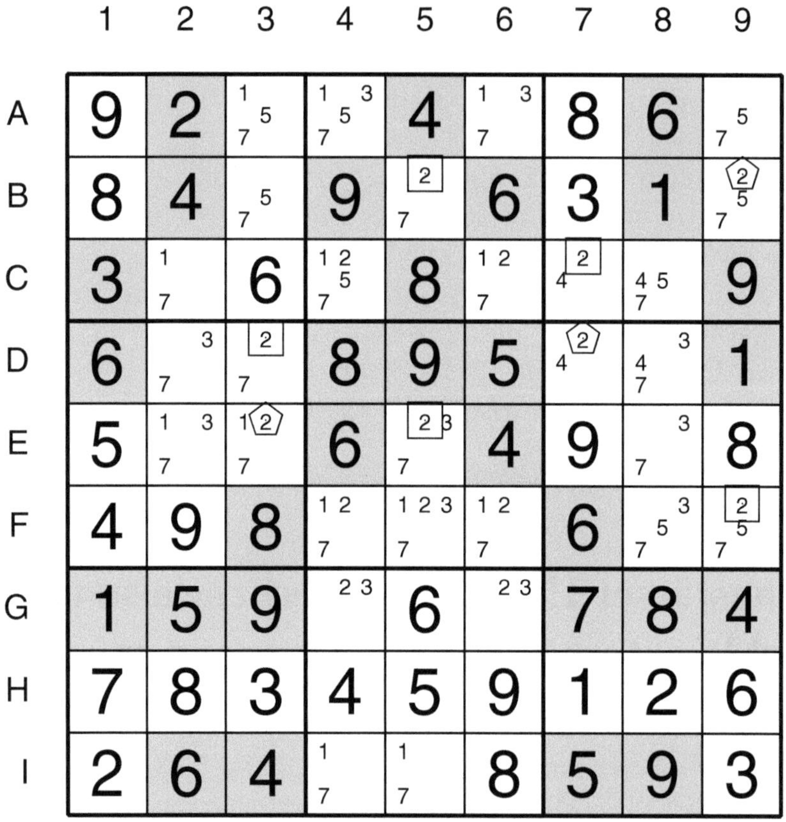

Abbildung 10: Zwischenstand von Übungsrätsel 14. Das Farbzuweisungsnetz in der 2 ist bereits markiert.

	1	2	3	4	5	6	7	8	9
A	2	4	9	3 6 / 7	3 6 / 7	5	1 3 6 / 8	1 3 6	6 / 8
B	8	5	1	3 6	4	9	3 6	7	2
C	3 6	7	3 6 / 1 8	1 / 8	2	1 / 8	4	9	5
D	3 6 9	3 6 / 8 9	3 6 / 8	5	1 3	7	1 6 9	2	4
E	5	3 6 9	2	1 3	8	4	1 6 7 9	1 6	6 7
F	4	1	7	2	9	6	5	8	3
G	3 6 / 7	3 6 / 8	4	9	5	2	3 6 / 7 8	3 6	1
H	1 3 6 / 7	2	5	1 6 / 7 8	1 6 / 7	1 / 8	3 6 / 7	4	9
I	1 6 9 / 7	6 / 8 9	6 / 8	4	1 6 / 7	3	2	5	6 / 7 8

Abbildung 11: Zwischenstand von Übungsrätsel 15. Das Farbzuweisungsnetz in der 3 ist bereits markiert.

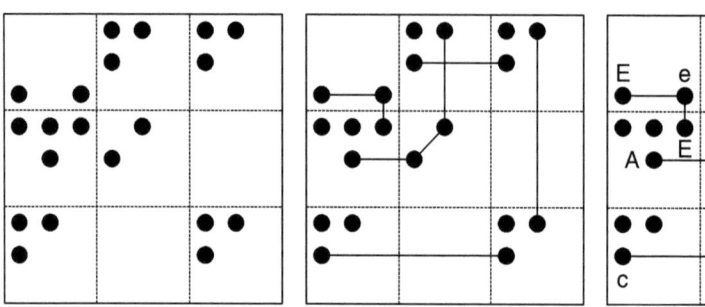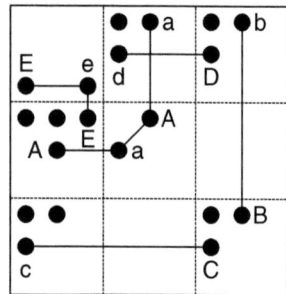

Abbildung 12: Hilfsdiagramme Bindungsgraph zum Auffinden von *starken Paaren* in vier Schritten für den Zwischenstand von Übungsrätsel 15 in Abb. 11: 1. Schritt: alle Kandidaten derselben Art als Punkte in ein Mini-Spielfeld eintragen. 2. Schritt: alle *starken Paare* verbinden. 3. Schritt: alle Farben markieren (hier mit **A/a** und mit **B/b**). 4. Schritt: Brücken suchen und Ausschlussregeln anwenden: **a** sieht **b** in Zeile 1. Das Feld Zeile 7, Spalte 2 sieht **A** als auch **B**.

aus den Feldern C1, C3 und D3. Das dritte Netz besteht aus einem einzigen *starken Paar* in Spalte 8 mit □ und ◌. Das vierte Netz besteht ebenfalls aus einem *starken Paar* in Zeile H und das fünfte Netz besteht aus einem *starken Paar* in Zeile B.

▶ In Zeile A sehen sich das mit △ und ▽ markierte und das mit □ und ◌ markierte Netz. Alle 3er, die sowohl ◌ als auch ▽ sehen, können ausgeschlossen werden. Dies trifft auf G2 zu, also [G2]≠3

▶ Wenn man diesen Ausschluss nicht erkennt, kann man sich mit einer kleinen Hilfszeichnung, dem Bindungsgraphen, helfen. Im ersten Schritt markiert man, wie in Abb. 12 links, alle 3er Positionen mit einem Punkt oder Kreis. In einem zweiten Schritt verbindet man alle *starke Paare*, mit einer Linie, also alle Punkte, die nur zweimal in einer Einheit vorkommen. Im dritten Schritt markiert man die zwei

Farben, hier mit Groß- und Kleinbuchstaben. In Zeile A sehen sich **a** und **b**, kann also die 3 in G2, die sowohl ein **A** als auch ein **B** sieht, ausgeschlossen werden.

▷ Danach folgen drei Ausschlüsse: *verweisendes Paar* [C1]≠3, [D1]≠3 und *Beanspruchen* [D3]≠3,

▷ Dann etwas leichter: [C3]=3, [C1]=6, [D1]=9, [I2]=9, [E7]=9 und [E9]=7.

▷ Ein *nacktes Paar* in Zeile I: [I5]≠6.

▷ Ein *verweisendes Paar*: [H7]≠6.

▶ Der zweite Zwischenstand ist in Abb. 13 dargestellt. Die beiden unterschiedlichen Dreiecke △ und ▽ gehören demselben Farbzweisungsnetz an, und □ und ⬠ dem anderen Netz. In Zeile A sehen sich die beiden Netze. Die 6 kann also in allen Feldern ausgeschlossen werden, die sowohl ein ⬠ als auch ein ▽ sehen: Dies gilt für die 6 in A8.

▷ Ein letzter *xy-Flügel* in [A8], [E8] und [B7]: [D7]≠6 schließt die schwierige Phase ab.

Übungsrätsel 16 Mehrfachfarbzuweisung, Regel 2, interner Ausschluss M104, R113

▷ Phase 1: Bei diesem Rätsel gibt es nur zwei *versteckte Einser*: [E7]=5 und [A2]=9.

▷ Danach kommt ein Engpass. Wenn man ihn nicht findet, muss man zur Phase 3 wechseln, alle Kandidaten eintragen und anschließend die folgenden Block-Reihen-Eliminierungen durchführen: [D4]≠2, [D6]≠2, [F4]≠2, [F5]≠2, [F6]≠2, [H4]≠3, [H5]≠3, [I4]≠3, [I5]≠3, [I6]≠3, [D4]≠4, [F4]≠4, [D2]≠4, und [F2]≠4. Dann erst folgt ein *versteckter Einser*: [A6]=2.

▷ Ein eleganterer Weg besteht darin, in Zeile E *erweitertes Bestimmen* anzuwenden, womit man in Zeile E zwei 2er-Kandidaten

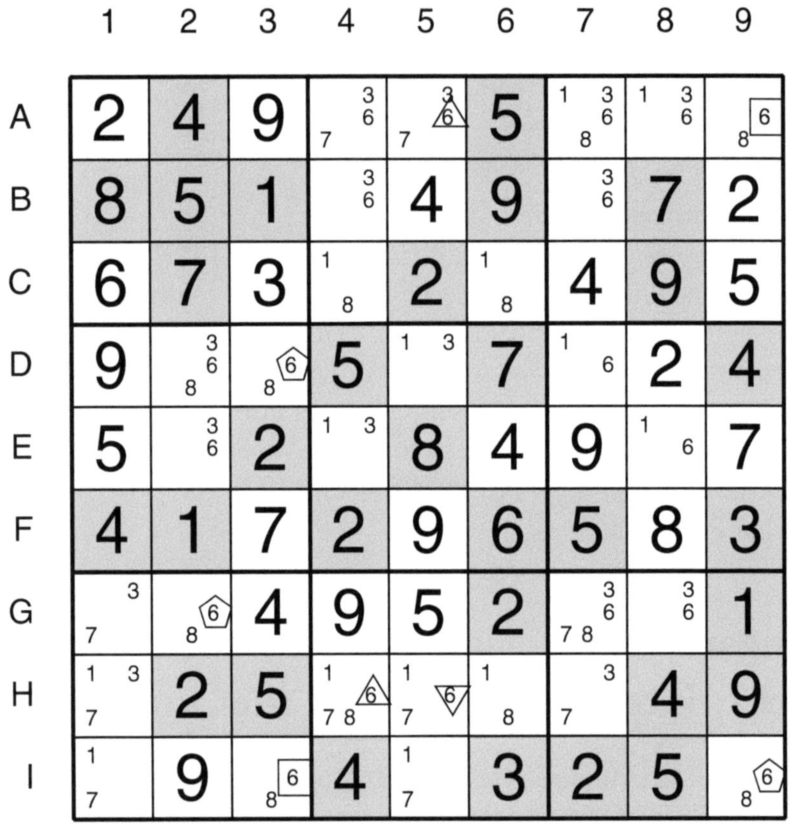

Abbildung 13: Späterer Zwischenstand von Übungsrätsel 15. Die beiden Farbzuweisungsnetze in der 6 sind bereits mit △ ▽ sowie mit ⬠ und □ markiert.

in E4 und E5 von Block V als Lösung schreiben kann.

▷ Damit ergibt sich ebenfalls ein *versteckten Einser*: [A6]=2.

▷ Danach [B8]=2, [A4]=5, [A5]=8, [D8]=8 (*nackter Einser*), [F4]=8, [I7]=8, [I6]=5, [H8]=5, [I8]=4 (*volles Haus*), [H2]=4, [F2]=5, [G3]=5, [G4]=7 und [G6]=3.

▷ Mit *erweitertem Scannen* sieht man: In Block V kann die 1 nur in Zeile D oder F stehen. In Block VI ebenfalls nur in Zeile D oder F. Deshalb gilt [E1]=1 und [F1]=9.

▷ Spätestens bei diesem Spielstand muss man die restlichen Kandidaten eintragen. Nach einem *nackten Paar* in Zeile I ([I9]≠6) und einem *nackten Paar* in Block VIII ([H4]≠6 und [H5]≠6) ist der Zwischenstand von Abb. 14 erreicht.

Auch hier empfiehlt es sich, wie in Abb. 15 gezeigt, den Bindungsgraph als Hilfsdiagramm für einige der Kandidaten anzulegen.

▶ Die Verteilung der 3er (rechts oben in Abb. 15) zeigt zwei Farbzuweisungsketten. Wäre die 3 in I9 wahr (und somit auch die 3 in B4), gäbe es in Zeile D keine 3 mehr. Es liegt ein interner Widerspruch im größeren der beiden Farbzuweisungsnetze vor. Die 3 kann in I9 und in den anderen Feldern derselben Farbe (H8, C2 und B4) ausgeschlossen werden.

▷ Der weitere Lösungsweg besteht nur noch aus *Einsern*.

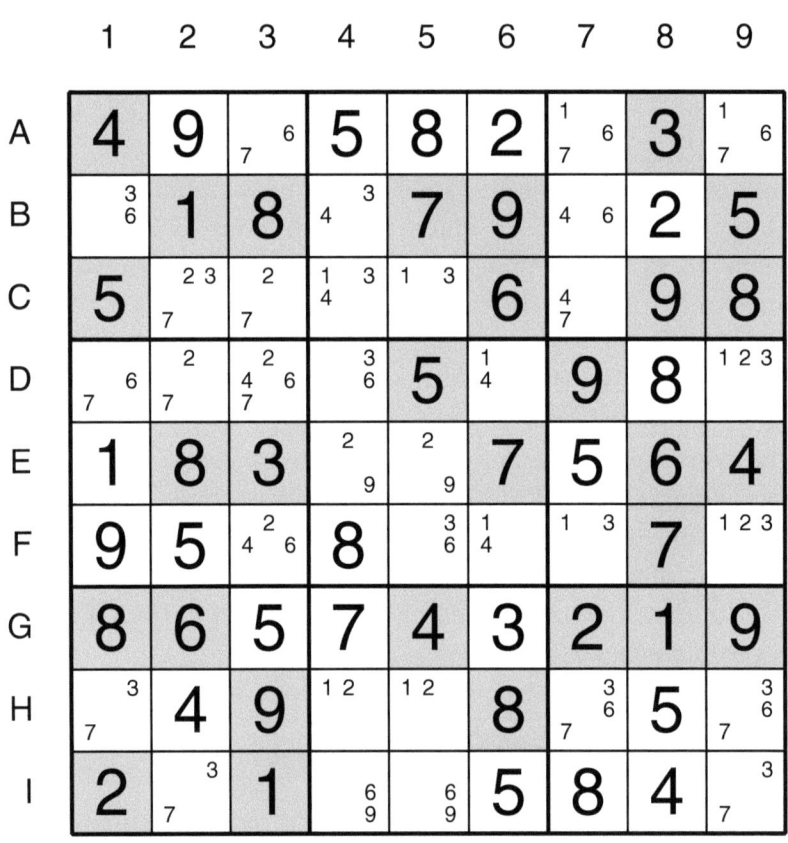

Abbildung 14: Zwischenstand von Übungsrätsel 16.

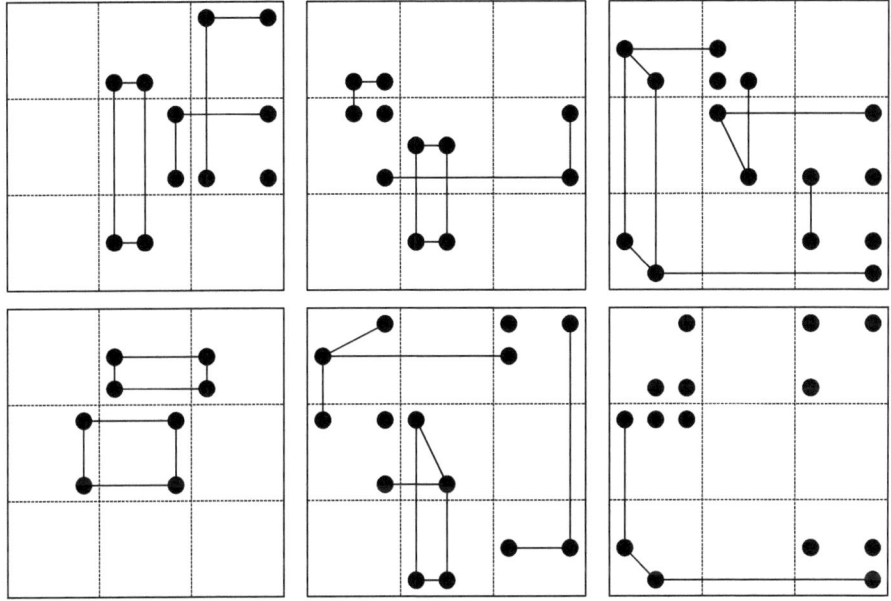

Abbildung 15: Hilfsdiagramme Bindungsgraphen zum Auffinden von *starken Paaren* aus dem Zwischenstand von Übungsrätsel 16 in Abb. 14. Obere Reihe für die 1, die 2 und die 3. Untere Reihe für die 4, die 6 und die 7. Aus dem Bindungsgraph für die 3 kann man mittels Mehrfachfarbzuweisung einige Ausschlüsse finden.

Übungsrätsel 17 xy-Kette M115, R120

▷ Die *Einser* lauten: [F3]=1, [B7]=2, [B1]=3, [B4]=8, [D1]=6, [F1]=7, [C2]=7, [C3]=2, [D2]=2, [D3]=9, [C9]=8, [C8]=1, [E4]=9 (*nackter Einser*), [F8]=9, [F9]=5, [E7]=3, [F2]=3 und [G8]=5 (*nackter Einser*).

▷ Nachdem die nötigen Kandidaten eingetragen sind, findet man mit einem *nackten Dreier* in Spalte 6: [H6]≠4, [H6]≠8, [I6]≠4 und [I6]≠8.

Damit erreicht man den Zwischenstand von Abb. 16.

▶ Die *xy-Kette* besteht aus sechs zweiwertigen Feldern:

(16)[G4] − (68)[G7] − (89)[H7] − (95)[H6] − (54)[H1] − (14)[H9] :

[H4] ≠ 1 und [G9] ≠ 1

▷ Es folgen nun nur noch *versteckte Einser*.

Übungsrätsel 18 xy-Kette M115, R121

▷ Die *Einser* lauten: [C2]=2, [G5]=2, [F6]=2, [I8]=2, [B7]=2, [G4]=3, [F8]=7, [E1]=8, [D3]=5, [B3]=9, [B5]=8, [B4]=5, [H1]=9, [D8]=9, [D5]=3, [E8]=3, [D7]=1 (*volles Haus*), [D6]=7 (*volles Haus*) und [G9]=7.

▷ Wenn man Phase 2 überspringt und alle Kandidaten einträgt, müssen die folgenden Kandidaten ausgeschlossen werden:

▷ *Beanspruchen* in den 1ern von Zeile 9 und Block VIII: [G6]≠1, [H4]≠1, [H5]≠1 und [H6]≠1.

▷ *Verweisendes Paar* in den 8ern von Zeile 1 und Block I: [A7]≠8 und [A8]≠8.

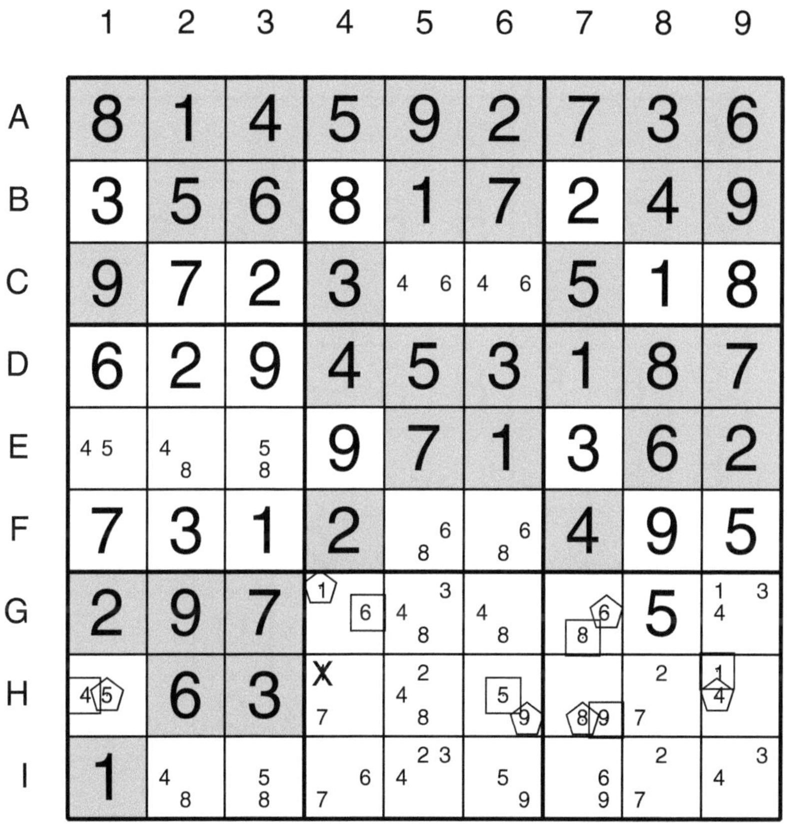

Abbildung 16: Zwischenstand von Übungsrätsel 17. Die *xy-Kette* ist bereits markiert.

	1	2	3	4	5	6	7	8	9
A	6	5 8	3 8	2	1 7	1 9	4 7	4 5	3 9
B	4	7	9	5	8	3	2	6	1
C	5 3	2	1	7 6	4	6 9	7 8	5 8	3 9
D	2	6	5	8	3	7	1	9	4
E	8	9	7	1 4	1 5	1 4 5	6	3	2
F	1 3	1 4	4 3	9	6	2	5	7	8
G	1 5	1 4 5 8	4 6 8	3	2	4 5 6 8	9	1 4 8	7
H	9	1 4 5 8	2	4 6 7	5 7	4 5 6 8	3	1 4 8	5 6
I	7	3	4 6 8	1 4 6	9	1 4 5 6 8	4 8	2	5 6

Abbildung 17: Zwischenstand von Übungsrätsel 18.

▷ Danach ergibt sich ein *nacktes Paar* in Spalte 9 und Block IX: [A9]≠5 und [C9]≠ 5.

▷ Ein *verweisendes Paar* in den 5ern von Block III und Spalte 8: [G8]≠5 und [H8]≠5.

Abb. 17 zeigt den Zwischenstand. Im weiteren Lösungsverlauf tauchen fünf *xy-Ketten* auf:

► 58[A2] − 83[A3] − 39[A9] − 91[A6] − 17[A5] − 75[H5] : [H2] $\neq$ 5.

▷ Weiterhin ein *verweisendes Paar*: [G6]≠5,

eine zweite *xy-Kette*:

► 69[C6] − 91[A6] − 17[A5] − 75[H5] − 56[H9] : [H6] $\neq$ 6,

eine dritte *xy-Kette*:

► 83[A3] − 35[C1] − 58[C8] − 87[C7] − 74[A7] − 48[I7] : [I3] $\neq$ 8,

eine vierte *xy-Kette*:

► 67[C4] − 78[C7] − 84[I7] − 46[I3] : [I4] $\neq$ 6,

▷ ein *nacktes Paar* in Spalte 4: [H4]≠4 und ein *nackter Dreier* in Zeile H mit [H6]≠5.

▷ Danach ein *versteckter Einser* [E4]=4 und [E6]≠4.

Eine fünfte und letzte *xy-Kette*:

► 67[C4] − 78[C7] − 84[I7] − 46[I3] − 65[I9] − 56[H9] : [H4] $\neq$ 6.

▷ Damit ist das Rätsel praktisch gelöst, denn es folgen nur noch *versteckte Einser*.

Übungsrätsel 19 W-Flügel M122, R125

▷ Die *Einser* lauten: [D6]=7, [A7]=7, [F9]=7, [G3]=8, [I3]=7, [I5]=2, [I4]=6 (*volles Haus*), [G5]=7, [G4]=1, [F4]=4, [B4]=3 (*volles Haus*), [H5]=4, [H6]=5 (*volles Haus*), [G9]=4 und [H2]=9.

▷ Hier nun entweder Phase 2 durchschreiten oder stattdessen alle Kandidaten eintragen und mit dem *verweisenden Paar* in Spalte 5 und Block V die 1 in A5, B5 und C5 wieder ausschließen.

▷ In beiden Fällen ergeben sich danach die folgenden *Einser*: [A6]=1, [A5]=6, [E6]=6 und [C6]=8 (*volles Haus*).

▶ Der Zwischenstand ist in Abb. 18 gezeigt. Der *W-Flügel* ist wie folgt aufgebaut: Ein starkes Paar in 3[D8]=3[F8] mit den beiden zweiwertigen Feldern F5 und D2, womit man die 1 in D5, in F2 und in F3 ausschließen kann:

$$\underbrace{1[F5] = 3[F5]}_{\text{zweiwertiges Feld}} \quad \underbrace{-3[F8] = 3[D8]-}_{\text{starkes Paar}} \quad \underbrace{3[D2] = 1[D2]}_{\text{zweiwertiges Feld}}$$

▷ Danach folgen wieder *versteckte Einser*: [B3]=1, [D2]=1, [F5]=1 und [C7]=1.

▶ Nach einem *verweisenden Paar* in den 6ern ([C8]≠6) folgt ein weiterer *W-Flügel*:

$$\underbrace{2[E3] = 3[E3]}_{\text{zweiwertiges Feld}} \quad \underbrace{-3[E5] = 3[D5]-}_{\text{starkes Paar}} \quad \underbrace{3[D8] = 2[D8]}_{\text{zweiwertiges Feld}}$$

womit die 2 in D1, in E7 und E9 ausgeschlossen werden kann.

▷ Nach *versteckten Einsern* [E3]=2 und [C9]=2 bietet sich ein *Eindeutigkeitsrechteck* mit den Kandidaten 5 und 9 in den Feldern B5, B8, C5 und C8 an, womit das Rätsel nur noch *Einser* enthält. Da Eindeutigkeitsrechtecke erst in einem späteren Kapitel besprochen werden und hier als nicht bekannt angenommen werden, sind die nächstleichtesten Schritte eine etwas längere *xy-Kette* mit den folgenden zweiwertigen Feldern:

5[F2] − (56)[G2] − (26)[G8] − (23)[D8] − (35)[F8] − 5[F2]

womit die 5 in [F2] ausgeschlossen werden kann.

Der Rest des Rätsels besteht nur noch aus *Einsern*.

Übungsrätsel 20 ursprünglicher M-Flügel

M126, R131

▷ Die Einser lauten: [I1]=2, [D2]=2, [B6]=2, [A7]=2, [B7]=3, [C2]=4, [E1]=4, [H4]=4, [B9]=4, [C9]=1, [A4]=7, [C4]=5 und [E7]=9.

▷ Die Block-Reihen-Ausschlüsse lauten: [F5]≠3, [E3]≠5, [G2]≠5, [H3]≠5, [C8]≠6, [G5]≠8, [H5]≠8, [G8]≠8, [G9]≠8, [H9]≠8, [I8]≠8, [G5]≠9 und [H5]≠9.

Es folgen:

▷ ein *xy-Flügel* in [F8] [C8] [F5] mit [C5]≠9

▷ und damit [C8]=9 und [A8]≠9.

▷ Nach zwei *verweisenden Paaren* mit [A2]≠8, [A3]≠8 und [B3]≠9

▷ folgt ein *w-Flügel* 57[D6] − 5[D7] = 5[H7] − 57[H9] : [H6] ≠ 7.

▶ Im Zwischenstand von Abb. 19 gilt es den folgenden *ursprünglichen M-Flügel* zu finden:

58[H7] − 5[D7] = 58[E9] = 8[E3] : [H3] ≠ 8

Im weiteren Lösungsverlauf folgt eine *xy-Kette*:

▷ 38[E3] − 85[E9] − 54[D7] − 48[I7] − 83[I2] : [I3] ≠ 3, [H3] ≠ 3, [F2] ≠ 3,

▷ [H5]=3 und [G5]≠3 und [H5]≠7 als *Einser*,

▷ eine letzte *xy-Kette*

68[A9] − 85[E9] − 54[D7] − 41[D8] − 17[D5] − 67[G5] : [G9] ≠ 6,

und danach nur noch *Einser*.

	1	2	3	4	5	6	7	8	9
A	9	8	5	2	6	1	7	4	3
B	7	2	1 6	3	5 9	4	1 6 8	5 6 9	5 8
C	3 6	1 3 6	4	7	5 9	8	1 2 6	2 5 6 9	2 5
D	2 3 4	1 3	9	5	1 3 8	7	4 2 8	2 3	6
E	2 3 4 5	7	2 3	9	3 8	6	4 2 8	1	2 5 8
F	8	1 3 5 6	1 3 6	4	1 3	2	9	5 3	7
G	2 5 6	5 6	8	1	7	9	3	2 6	4
H	2 3 6	9	2 3 6	8	4	5	2 6	7	1
I	1	4	7	6	2	3	5	8	9

Abbildung 18: Zwischenstand von Übungsrätsel 19 *W-Flügel.*

	1	2	3	4	5	6	7	8	9
A	3	5 9	5 9	7	4	1	2	8 6	8 6
B	1 8 6	7	1 8	6 9	6 8 9	2	3	5	4
C	8 6	4	2	5	8 6	3	7	9	1
D	9	2	6	8	1 7	7 5	4 5	1 4	3
E	4	1	3 8	3 6	2	5 6	9	7	5 8
F	7	3 5 8	3 5 8	3 9	1 9	4	6	1 8	2
G	5 8	3 8 9	4	2	3 6 7	6 7 8 9	1	3 6	5 6 7
H	1 5 8	6	1 3 7 8 9	4	3 7	8 9	5 8	2	5 7
I	2	3 8	3 7 8	1	5	6 7 8	4 8	4 3 6	9

Abbildung 19: Zwischenstand von Übungsrätsel 20 *ursprünglicher M-Flügel.*

Übungsrätsel 21 allgemeiner M-Flügel

M126, R136

▷ Die *versteckten Einser* lauten: [A7]=2, [D5]=4, [F5]=5, [A2]=4, [E9]=5, [E7]=4, [H7]=3, [C2]=6, [D1]=8, [D2]=5, [D6]=7, [D7]=1, [D8]=9, [B7]=9, [C7]=8 und [B4]=8.

▷ Nach ein paar *Block-Reihen Wechselwirkungen*, die zu den folgenden Ausschlüssen führen: [E3]≠3, [F3]≠3, [C1]≠5, [A9]≠6 und [H6]≠9, sowie einem *nackten Einser* [F3]=1 mit [F4]≠1, [B3]≠1, [E3]≠1 und [E1]≠1, ergibt sich der in Abb. 20 dargestellte Zwischenstand.

▶ Die 5 in [I3] lässt sich mit einem *allgemeinen M-Flügel* ausschließen:

$$5[B3] = 7[B3] - 7[C1] = 7[C4] - 5[C4] = 5[I4].$$

▶ Die 7 in [B3] lässt sich durch einen weiteren *halben M-Flügel* ausschließen.

$$7[E3] = 2[E3] - 2[G3] = 2[G8] - 7[G8] = 7[B8]$$

▷ Danach ein *nackter Einser* [B3]=5 mit [B1]≠5 und [H3]≠5, sowie ein *verweisendes Paar* mit [E1]≠7 und [H1]≠7.

▷ Eine *xy-Kette*

$$16[A6] - 17[A9] - 47[G9] - 49[G4] - 69[F4] : [E6] \neq 6,$$

▷ ein *versteckter Einser*: [A6]=6 mit [A4]≠6.

▷ Drei weitere *xy-Ketten*:

$$51[C6] - 19[E6] - 92[E1] - 25[I1] : [I6] \neq 5$$

$$25[I1] - 45[I4] - 49[G4] - 93[G6] - 38[I6] - 82[I8] : [I3] \neq 2$$

$$74[G9] - 49[G4] - 93[G6] - 38[I6] - 82[I8] - 27[G8] : [H9] \neq 7$$

	1	2	3	4	5	6	7	8	9
A	3	4	8	1 7 6	9	1 6	2	5	1 7
B	1 5 7	2	5 7	8	3	4	9	6 7	1 7 6
C	1 7	6	9	1 5 7	2	1 5	8	4	3
D	8	5	6	3	4	7	1	9	2
E	2 7 9	3 7 9	2 7	1 6 9	8	1 6 9	4	3 6	5
F	4	3 9	1	6 9	5	2	7	3 6 8	6 8
G	6	8	2 3 4 7	4 9	1	3 9	5	2 7	4 7
H	5 7 9	7 9	4 5 7	2	6	5 8	3	1	4 7 8
I	2 5	1	2 3 4 5	4 5	7	3 5 8	6	2 8	9

Abbildung 20: Zwischenstand von Übungsrätsel 21 *allgemeiner M-Flügel.*

▷ Ein *verweisendes Paar* mit [G3]≠7 und eine letzte *xy-Kette*:

$$36[E8] - 68[F9] - 84[H9] - 47[H3] - 79[H2] - 93[F2] : [F8] \neq 3$$

▷ für den restlichen Lösungsweg sind nur noch *Einser* erforderlich.

Übungsrätsel 22 ursprünglicher und allgemeiner M-Ring M132, R137

▷ Die *Einser* lauten: [C5]=4, [D6]=4, [F4]=6, [G3]=4, [I2]=6, [A7]=6, [D9]=6, [H3]=7, [G5]=7, [B9]=7, [I3]=9, [G8]=9 und [G4]=2 (*nackter Einser*).

▷ Die *Block-Reihen Ausschlüsse*, die man sich durch Phase 2 sparen kann, lauten: [B1]≠1, [C2]≠1, [A8]≠3, [A9]≠3, [H1]≠3, [H2]≠3, [I1]≠3, [H1]≠5, [H2]≠5 und [I1]≠8.

▷ Es folgt ein *nacktes Paar* in Spalte 2: [C2]≠5.

▷ Dann mittels *Block-Reihen Wechselwirkung*: [B7]≠5 und [B8]≠5.

▷ Ein *nackter Dreier* in Zeile B: [B8]≠8.

▷ Ein *nackter Dreier* in Block IV: [E1]≠2, [E2]≠2, [F1]≠3 und [F1]≠5.

▷ Ein *nackter Einser* [E2]=1.

▷ Ein *verweisendes Paar*: [D8]≠2.

▷ Ein *Lenkdrachen*: 2[C2] = 2[H2] und 2[I1] = 2[I7] : [C7] ≠ 2.

▷ Und schließlich mit *Beanspruchen*: [H9]≠2.

▶ Der Zwischenstand ist in Abb. 21 dargestellt. Hier gilt es nun einen *ursprünglichen M-Ring* zu finden. Die beiden Flügel mit der 2 und der 8 in C2 und in A8 sind über 8[C8] stark verbunden. Die 2[A3] erweitert den symmetrischen Teil des Rings mit einem starken Paar. Da sich A3 und A8 sehen, ist die Kette zu einem Ring geschlossen. Die 2 in A9 kann ausgeschlossen werden.

$$2[A3] = (28)[C2] = 8[C8] = (82)[A8] : [A9] \neq 2$$

▶ Alternativ dazu gibt es einen *M-Flügel* in seiner allgemeinen Form:

$$(18)[B4] - 8[B1] = (81)[H1] = 1[H6] : [C6] \neq 1, [I4] \neq 1, [A6] \neq 1$$

▷ Der Rest des Rätsels ist mit *versteckten Einsern* wie 1[C9], 2[E9], 9[E1] und weiteren zu lösen.

Übungsrätsel 23 halber M-Ring M132, R138

▷ Die *Einser* lauten: [F7]=4, [B2]=8, [C2]=4, [A3]=3, [B6]=4, [C6]=3, [D5]=3, [E2]=3, [B7]=3, [F6]=9, [A6]=8, [C7]=5 (*nackter Einser*), [H7]=9 (*nackter Einser*), [H1]=5 (*nackter Einser*), [F2]=5 und [H2]=2 (*nackter Einser*).

▷ Lässt man Phase 2 aus, müssen mittels *Block-Reihen Wechselwirkung* die folgenden Kandidaten ausgeschlossen werden: [G7]≠1, [G8]≠1 und [G9]≠1.

▷ Nun weiter mit diesen *Einsern*: [A7]=1, [G7]=7, [B4]=1, [D2]=7, [G2]=1, [F1]=1, [I3]=7, [G3]=4, [G1]=9 und [E1]=8.

▷ Danach nochmal ein *verweisendes Paar*: [E9]≠7,

▷ ein *versteckter Dreier*: [G8]≠5,

▷ ein *xyz-Flügel* in [F5], [F3] und [E4]: [F4]≠6,

▷ eine *xy-Kette*

$$76[E4] - 69[E3] - 95[E9] - 52[G9] - 27[A9] : [A4] \neq 7,$$

▷ ein *verweisendes Paar*: [F5]≠7,

▷ ein *nacktes Paar* in Zeile F: [F4]≠2,

▷ und endlich ein *W-Flügel*

$$26[F5] - 6[E4] = 6[C4] - 62[C8] : [C5] \neq 2.$$

	1	2	3	4	5	6	7	8	9
A	7	4	1 2	5	3 8	1 3 / 9	6	2 8	1 2 / 9
B	5 8	9	1 5	1 8	6	2	4 3	4 3	7
C	6	2 8	3	7	4	1 9	5 9	2 5 8	1 2 5 9
D	2 3 5	7	2 5	9	1	4	8	5 3	6
E	4 9	1	6	3	5	8	7	4 2	2 9
F	4 9	5 3	8	6	2	7	4 5 3 9	1	5 3 9
G	5 3	5 3	4	2	7	6	1	9	8
H	1 2 8	2 8	7	4	9	1 3	2 3 5	6	3 5
I	1 2	6	9	1 8	3 8	5	2 3	7	4

Abbildung 21: Zwischenstand von Übungsrätsel 22 *ursprünglicher M-Ring.*

Der Zwischenstand ist in Abb. 22 dargestellt.

▶ Bei diesem Spielstand ergibt sich ein *halber M-Ring* mit den beiden Flügeln G9 und A4, welche über 5[G4] verbunden sind. Die starke Bindung 2[A9]=2[G9] erweitert das *gleich geschaltete Paar*. Da sich A9 und A4 sehen, handelt es sich um einen *M-Ring*, in dem die 5 in I4 und die 2 in A5 ausgeschlossen werden können. Die Bindung 5[A4]-5[G4] ist wegen der 5 in I4 keine starke Bindung, deshalb die Namensgebung *halber M-Ring*.

$$2[\text{A9}] = 25[\text{G9}] = 5[\text{G4}] - 52[\text{A4}] : [\text{I4}] \neq 5, [\text{A5}] \neq 2$$

.

▶ Nach einem *halben M-Flügel*:

$$(26)[\text{C8}] - 2[\text{C5}] = (26)[\text{F5}] = 6[\text{E4}]$$

mit [C4]≠6 bestehen die weiteren Ausschlüsse nur aus *Einsern*.

Übungsrätsel 24 allgemeiner M-Ring

M132, R139

▷ Die *Einser* lauten wie folgt: [A5]=1, [C8]=1, [D8]=6, [D2]=8, [A9]=8, [C3]=8, [C7]=2, [C2]=6 und [A7]=6.

Phase 2 bringt keine weiteren Ausschlüsse.

Nach dem Eintragen aller Kandidaten findet man:

▷ Ein *nacktes Paar* in Zeile E: [E3]≠4, [E7]≠4 und [E7]≠5.

▷ Zwei *nackte Einser* [E3]=3 und [E7]=9.

▷ Ein *nacktes Paar* in Spalte 9: [G9]≠4, [G9]≠5, [H9]≠4, [I9]≠4 und [I9]≠5.

▷ Ein *verstecktes Paar* in Zeile G: [G4]≠1, [G4]≠6 und [G7]≠4.

▷ Ein *verweisendes Paar*: [I1]≠4, [I2]≠4, [I3]≠4 und [I6]≠4.

▷ Ein *nackter Einser*: [I2]=7.

	1	2	3	4	5	6	7	8	9
A	6	9	3	2 5 7	2 5 7	8	1	4	2 7
B	2	8	5	1	7 6	4	3	9	7 6
C	7	4	1	2 6 9	6 9	3	5	2 6	8
D	4	7	2 9	2 8	3	5	6	1 8	1 9
E	8	3	6 9	7 6	4	1	2	7 5	5 9
F	1	5	2 6	7 8	2 6	9	4	7 8	3
G	9	1	4	5 3	8	6	7	2 3	2 5
H	5	2	8	4 3	1	7	9	3 6	4 6
I	3	6	7	4 5 9	5 9	2	8	1 5	1 4 5

Abbildung 22: Zwischenstand von Übungsrätsel 23 *halber M-Ring.*

▷ Und die folgenden *versteckten Einser*: 7[A3]=7, [E5]=7, [G6]=7, [H6]=4, [E4]=8 und [E6]=1.

▶ Der Zwischenstand ist in Abb. 23 dargestellt. Einer der nächsten Lösungschritte ist ein *M-Ring* in seiner allgemeinen Form:

$$6[H4] = 69[H9] = 9[H5] - 96[I6] - 6[H4]$$

I6 und H9 bilden die beiden Flügel und 9[H5] das verbindende Element. Das starke Paar 6[H4]=6[H9] kehrt die Gleichschaltung in den beiden Flügeln um. Die beiden Endpunkte der Kette I6 und H4 sehen sich in Block VIII.

Es sind drei Ausschlüsse möglich:

- alle 6er in Block VIII: [I4]≠6.

- alle Kandidaten im Flügel H9, die nicht 6 und nicht 9 sind: [H9]≠1.

- alle weiteren 9er in Zeile I: [I5]≠9.

In der Zwischenstellung von Abb. 23 kann ebenso der *M-Ring*:

$$6[H4] = 69[H9] = 9[I9] - 96[I6] - 6[H4]$$

gebildet werden, der zu denselben Ausschlüssen führt.

▶ Betrachtet man danach das *gleich geschaltete Paar*:

$$16[G9] - 6[H9] = 61[H4],$$

das mit dem starken Paar 1[H4] = 1[I4] umgepolt wird, kann mit diesem *halben M-Flügel* die 1 in I9 ausgeschlossen werden.

▷ Die verbleibenden *Einser* lösen den Rest des Rätsels.

	1	2	3	4	5	6	7	8	9
A	$4\,5^{3}$	$4\,5$	7	9	1	2	6	$4\,5^{3}$	8
B	$4\,5^{2\,3}$	1	4^{2}	7	6	8	$4\,5^{3}$	9	$4\,5$
C	9	6	8	4	5	3	2	1	7
D	7	8	9	2	4	5	1	6	3
E	6	$4\,5$	3	8	7	1	9	$4\,5$	2
F	$4\,5$	2	1	$3\,6$	$3\,9$	$6\,9$	8	7	$4\,5$
G	$1\,4$	9	$4\,6$	5^{3}	2	7	5^{3}	8	$1\,6$
H	$1\,8$	3	5	$1\,6$	$8\,9$	4	7	2	$1\,6\,9$
I	$1\,2\,8$	7	$2\,6$	$1\,3\,5\,6$	$3\,8\,9$	$6\,9$	$4\,5^{3}$	$4\,5^{3}$	$1\,6\,9$

Abbildung 23: Zwischenstand von Übungsrätsel 24 allgemeiner *M-Ring*.

Übungsrätsel 25 allgemeiner M-Ring

M132, R140

▷ Die *Einser* sind wie folgt gegeben: [H7]=3, [E1]=4, [H5]=7, [H6]=5, [H1]=9 und [B2]=9.

Dieses Rätsel zeigt viele *Block-Reihen Ausschlüsse*, weswegen sich Phase 2 wirklich lohnt:

▷ Wer dennoch Phase 2 überspringt, findet die folgenden *verweisenden Paare*: [G7]≠1, [G8]≠1, [F3]≠2, [E8]≠7, [G8]≠7, [I8]≠7, sowie [C4]≠8, [C5]≠8, [C6]≠8, [G1]≠8, [G2]≠8, [G3]≠8 und [G7]≠9, [G8]≠9 und [G9]≠9.

▷ Danach geht es weiter mit einer Reihe von *versteckten Einsern*: [C1]=8, [B1]=1, [G1]=6, [B6]=2, (*nackter Einser*), [C3]=2, [B3]=6, [A8]=2, [B8]=7, [B4]=3, [B5]=5, [C9]=3, [C7]=9, [E4]=5, [A4]=7, [G4]=9, [A6]=9, [A5]=8, [G6]=8, [G5]=1, [G8]=4 (*nackter Einser*).

Der Zwischenstand ist in Abb. 24 dargestellt.

▶ Der nächste Schritt besteht aus einem *M-Flügel*:

$$26[E5] - 6[F4] = 62[F2] = 2[F7]$$

mit dem [E9]≠2 und [E7]≠2 folgt.

▷ Damit kann man in E7 die 7 als *nackten Einser* eintragen.

▶ Dadurch wird ein weiterer *M-Flügel* freigelegt:

$$62[D9] - 2[F7] = 26[F2] = 6[F4]$$

mit dem wieder zwei Kandidaten ausgeschlossen werden können: [D4]≠6 und [D5]≠6.

▶ Ein weiterer *M-Flügel*:

$$24[D5] - 4[D7] = 42[F7] = 2[F2]$$

schließt die 2 in D2 aus.

▶ An der schwierigsten Stelle im Lösungsweg, an der Schlüsselstelle, angekommen, kann man mit dem folgenden *M-Ring*:

$$26[E5] - 6[F4] = 62[F2] = 2[E2]$$

zwei Kandidaten ausschließen: $[F2] \neq 3$ und $[F2] \neq 8$.

Bevor der Rest des Rätsels mit *versteckten Einsern* zu lösen ist, müssen noch eine *xy-Kette*, ein *xyz-Flügel* und ein *nacktes Paar* überwunden werden:

▷ eine *xy-Kette*

$$89[E8] - 96[E9] - 62[D9] - 27[G9] - 73[G3] - 38[F3] : [F8] \neq 8,$$

▷ ein *xyz-Flügel* in [D8], [F8] und [D4]: $[D7] \neq 1$,
▷ und ein *nacktes Paar* in Zeile D: $[D9] \neq 2$.

	1	2	3	4	5	6	7	8	9
A	3	4	5	7	8	9	6	2	1
B	1	9	6	3	5	2	8	7	4
C	8	7	2	1 6	4 6	1 4	9	5	3
D	5	3 6 8	9	1 8	2 4	7	1 2 4	1 3 8	2 6
E	4	2 6 8	1	5	2 6	3	7	8 9	6 9
F	7	2 3 6 8	3 8	1 6 8	9	1 4	1 2 4	1 3 8	5
G	6	3 5	3 7	9	1	8	2 5	4	2 7
H	9	1	4	2	7	5	3	6	8
I	2	5 8	7 8	4	3	6	1 5	1 9	7 9

Abbildung 24: Zwischenstand von Übungsrätsel 25 *allgemeiner M-Ring.*

Übungsrätsel 26 Medusa Farbzuweisung, externer Ausschluss in einer Einheit M142, R146

▷ Phase 1: Die *Einser* lauten: [H6]=3, [E6]=2, [H7]=4, [D6]=6, [G2]=6, [E1]=6, [I4]=6, [B7]=6, [I1]=9, [H9]=9, [H3]=7, [G8]=7 und [I8]=8. n ▷ Phase 3: Dann mit *Block-Reihen Ausschlüssen*: [A5]≠1, [B3]≠4, [D3]≠4, [F3]≠4, [A5]≠4, [B4]≠4, [B5]≠4 und [B4]≠5.

▷ Es folgt ein *xy-Flügel* in F1, H1 und D2 mit [H2]≠8.

▷ Danach ein *Lenkdrachen* in der 8:

$$8[B1] = 8[H1] \text{ und } 8[G3] = 8[G4] : [B4] \neq 8,$$

▷ ein *nackter Einser*: [B4]=9,

▷ ein *verweisendes* Paar in der 8: [H5]≠8,

▷ ein *W-Flügel*

$$87[A5] - 7[B5] = 7[B9] - 78[E9] : [A9] \neq 9,$$

▷ und eine *xy-Kette*

$$45[F1] - 58[H1] - 81[H4] - 12[H5] - 24[I5] : [F5] \neq 4.$$

Der Zwischenstand ist in Abb. 25 dargestellt.

▶ Nach Aufbau des Medusa Farbzuweisungsnetzes können die folgenden farblosen Kandidaten ausgeschlossen werden, da sie jeweils den eigenen Kandidaten zweimal mit unterschiedlichen Farben sehen. [B1]≠5, [B9]≠8, [D3]≠8 und [D7]≠8.

▷ Ein *verweisendes Paar*: [E7]≠8.

Nun entweder kompliziert mit einem *M-Flügel*

$$8[B1] = 4[B1] - 4[F1] = 4[D2] - 8[D2] = 8[E3] : [B3] \neq 8$$

und einer *xy-Kette*

$$13[D3] - 38[D9] - 87[E9] - 71[E7] : [E3] \neq 1$$

	1	2	3	4	5	6	7	8	9
A	3	4 5 8	6	2	7 8	1 4 5	1 7 8	9	5 7
B	4 5 8	1	2 5 8	9	7 8	4 5	6	2 3	3 5 7 8
C	7	2 5 8	9	3	6	1 5	1 2 8	1 2	4
D	2	4 8	1 3 8	7	1 4 9	6	1 8 9	5	3 8
E	6	9	1 5 8	1 5	3	2	1 7 8	4	7 8
F	4 5	7	1 3 5	1 4 5	1 9	8	1 2 9	1 2 3	6
G	1	6	4 8	4 8	5	9	3	7	2
H	5 8	2 5	7	1 8	1 2	3	4	6	9
I	9	3	2 4	6	2 4	7	5	8	1

Abbildung 25: Zwischenstand von Übungsrätsel 26 Medusa, Regel 2.

► oder einfach die Markierungen des Farbzuweisungsnetzes für den weiteren Lösungsweg benutzen und die 1 in [E3] und die 8 in [B3] als farblosen Kandidaten ausschließen.

▷ Nun ein *nackter Dreier* in Block III: [F3]≠5, ein *verstecktes Paar* in Zeile F [F4]≠1 und schließlich ein *W-Flügel*

$$45[B6] - 5[B3] = 5[E3] - 54[F1] : [B1] \neq 4$$

► oder aber weiter im Farbzuweisungsnetz mit Regel 4: Mit [A5]≠7, [A6]≠4, [A7]≠7, [B1]≠4, [B3]≠5, [B5]≠8 und weiteren.

▷ Die restlichen Lösungsschritte bestehen wieder aus *versteckten Einsern*.

Übungsrätsel 27 Medusa Farbzuweisung, interner Ausschluss in einer Einheit M144, R147

▷ Phase 1: Die Einser lauten: [D2]=5, [E6]=5, [D4]=7, [E4]=4, [F6]=1, [F3]=4, [A5]=7, [B5]=1, [F8]=7, [E8]=2 und [E7]=6.
Phase 2 führt dazu, dass vier strategische Kandidaten nicht eingetragen werden müssen. Überspringt man Phase 2, findet man die folgenden *Block-Reihen Ausschlüsse*: [C1]≠2, [C2]≠2, [A3]≠3 und [C2]≠3.

▷ Es folgt ein *versteckter Dreier* in C1, C7 und C8 in den Kandidaten 6, 8 und 9: [C1]≠6, [C1]≠8, [C7]≠8, [C7]≠9, [C8]≠6 und [C8]≠9.

▷ Danach ein *verweisenden Paar* mit [A6]≠9 und ein *xy-Flügel* in A6, G6 und A8 mit [G8]≠9 und ein *versteckter Einser* [A8]=9.

▷ Eine *xy-Kette*

$$68[A6] - 83[A7] - 34[C7] - 45[C8] - 56[B8] : [A9] \neq 6$$

▷ und wieder ein *verweisendes Paar* mit [B1]≠6. Der Zwischenstand ist in Abb. 26 dargestellt.

	1	2	3	4	5	6	7	8	9
A	1 2 3 6 8	4	1 2 8	5	7	6 8	3 8	9	2 8
B	2 5 8	9	2 8	3	1	4	7	5 6	2 5 6 8
C	3 5	6 8	7	2 8	2 9	6 8 9	3 4	4 5	1
D	9	5	6	7	3	2	1 4 8	1 4	4 8
E	7	1 3	1 3	4	8	5	6	2	9
F	2 8	2 8	4	9	6	1	5	7	3
G	4	1 3 6 7 8	1 3 8 9	1 8	5 9	8 9	2	1 5 6	5 6 7
H	1 2 7	1 2 7	5	6	2 4 9	3	1 4 9	8	4 7
I	1 2 6 8	1 2 6 8	1 2 8 9	1 2 8	2 4 5 9	7	1 4 9	3	4 5 6

Abbildung 26: Zwischenstand von Übungsrätsel 27 Medusa, Regel 1.

▶ Mit der nun folgenden Medusa Farbzuweisung kann man drei farblose 4er ausfindig machen, die zwei 4er unterschiedlicher Farben sehen. Diese drei 4er können ausgeschlossen werden: 4[C7]≠4, 4[D8]≠4 und 4[D9]≠4.

▷ Der verbleibende Lösungsweg besteht nur aus *versteckten Einsern*.

Übungsrätsel 28 Medusa Farbzuweisung, externer Ausschluss in einem Feld M148, R152

▷ Die *Einser* lauten: [A4]=1, [H9]=5, [B1]=8, [G6]=8, [A9]=9, [G3]=6 (*nackter Einser*), [I6]=6, [F6]=1, [E1]=1, [G5]=1, [I9]=1 und [I8]=4.

Ohne Phase 2 ergeben sich ein *verweisendes Paar* für die 2 mit [C4]≠2 und [C6]≠2,

▷ ein *verweisendes Paar* für die 4 mit [C1]≠4 und [C3]≠4,

▷ zwei *verweisende Paare* für die 6 mit [C4]≠6, [C5]≠6 und [C5]≠6,

▷ ein *verweisendes Paar* für die 7 mit [G4]≠7,

▷ *Beanspruchen* in der 3 mit [C1]≠3 und [C2]≠3,

▷ *Beanspruchen* für die 5 mit [C2]≠5 und [C3]≠5,

▷ ein *nacktes Paar* in Spalte 6 mit [C6]≠3 und [H6]≠3,

▷ ein *nacktes Paar* in Zeile C mit [C4]≠3,

▷ und schließlich *einfache Farbzuweisung* für die 9 mit [E7]≠9 und [G8]≠9.

Der Zwischenstand ist in Abb. 27 gezeigt.

▶ Baut man nun ein Medusa Farbzuweisungsnetz auf, beginnend mit den zweiwertigen Feldern A1, A2 und A3 in der 3, der 4, der 5 und der 9, zeigt [D8] die 5 und die 9 mit entgegengesetzten Farben, womit alle weiteren (farblosen) Kandidaten in D8 nach Regel 3 (hier die 3 und die 7) ausgeschlossen werden können.

Spalte 7 zeigt zwei 3er derselben Farbe, weswegen alle Kandidaten

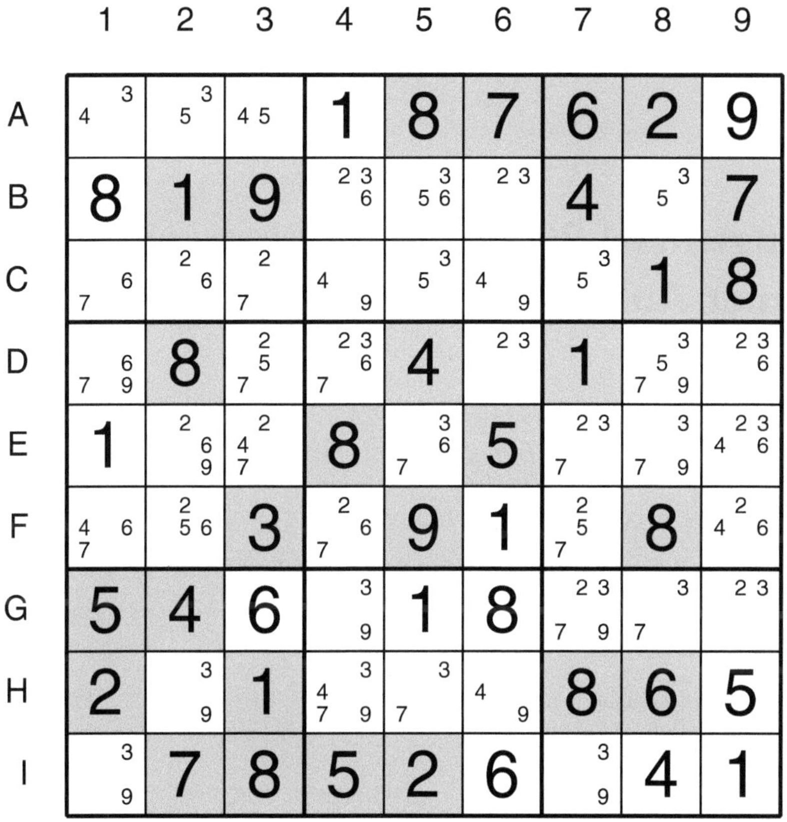

Abbildung 27: Zwischenstand von Übungsrätsel 28 Medusa, Regel 3.

dieser Farbe nach Regel 2 ausgeschlossen werden können: [B4]≠3, [A1]≠3, [C7]≠3, [G4]≠3, [H2]≠3, [I7]≠3, [A3]≠4, [E9]≠4, [F1]≠4, [A2]≠5, [B8]≠5, [C5]≠5, [D3]≠5, [F7]≠5, [D8]≠9, [E2]≠9, [G7]≠9 und [I1]≠9.

▷ Der restliche Lösungsweg besteht nur aus *Einsern*.

Übungsrätsel 29 Medusa Farbzuweisung, interner Ausschluss in einem Feld M150, R153

Nach den vielen *Einsern*: [I6]=1, [A2]=1, [G3]=1, [D1]=1, [B7]=1, [B5]=3, [B3]=4 (*volles Haus*), [E6]=3, [I2]=4, [E2]=6 (*volles Haus*), [A5]=4, [D4]=4, [D6]=5, [D9]=7 (*volles Haus*), [A6]=6, [F6]=9 (*volles Haus*), [F9]=6, [F4]=2, [F1]=7 (*volles Haus*), [E3]=9 (*volles Haus*), [E4]=7 (*volles Haus*), [I5]=7, [G5]=2, [I3]=8, [A4]=8, [I4]=5 (*volles Haus*), [C5]=5 (*volles Haus*), [H5]=9 (*volles Haus*), [E8]=5 und [E7]=2 (*volles Haus*),

und dem *nackten Paar* mit [I9]≠3 folgt der in Abb. 28 gezeigte Zwischenstand.

Bildet man ein Medusa Farbzuweisungsnetz mittels zwei unterschiedlichen Markierungen, findet man unter anderem die 5 und die 8 in G7 mit gleicher Farbe (Markierung), was einem internen Widerspruch entspricht. Alle Kandidaten dieser Farbe (der Farbe von 5[G7]) können ausgeschlossen werden und alle Kandidaten der entgegengesetzten Farbe können als Lösung eingetragen werden: [A1]≠5, [A3]≠7, [A7]≠3, [C1]≠9, [C3]≠6, [C7]≠7, [C9]≠8, [G1]≠3, [G7]≠5, [G7]≠8, [G9]≠3, [H3]≠5, [H7]≠6, [I1]≠6 und [I7]≠3.

Mit den wenigen noch verbleibenden *Einsern* ist das Rätsel zu lösen.

	1	2	3	4	5	6	7	8	9
A	5 9	1	7 5	8	4	6	3 7	2 9	2 3 9
B	8	2	4	9	3	7	1	6	5
C	6 9	3	7 6	1	5	2	7 8	4	8 9
D	1	8	2	4	6	5	9	3	7
E	4	6	9	7	8	3	2	5	1
F	7	5	3	2	1	9	4	8	6
G	5 3	9	1	6	2	4	5 3 8	7	3 8
H	2	7	5 6	3	9	8	5 6	1	4
I	3 6	4	8	5	7	1	3 6	2 9	2 9

Abbildung 28: Zwischenstand von Übungsrätsel 29 Medusa, Regel 4.

Übungsrätsel 30 Medusa Farbzuweisung, kombinierter Feld-Einheit Ausschluss

M154, R156

Die *Einser*: [H9]=1, [G3]=2, [F8]=2, [E4]=2, [A9]=2, [C1]=8, [F3]=9, [H1]=9, [C9]=9, [B5]=9, [C5]=4 (*nackter Einser*), [A1]=4 und [D7]=4.

Abb. 29 zeigt den Zwischenstand nach Phase 2 und nach einer *einfachen Farbzuweisung*, bei der die 5 in G2 ausgeschlossen werden kann.

Nach Aufbau eines Medusa Farbzuweisungsnetzes ergeben sich vier Ausschlüsse nach Regel 5:

Die 5 in D1, im Feld mit einer 1 in einer Farbe, sieht die 5 in D3 in der anderen Farbe und kann somit ausgeschlossen werden.

Die 6 in F1 steht in einem Feld mit einer 1 einer Farbe und sieht die 6 in D3 in der anderen Farbe und kann somit ausgeschlossen werden.

Die 8 in G7 sieht die 8 in G5 und besitzt im eigenen Feld eine 5 in der anderen Farbe und kann ebenfalls ausgeschlossen werden.

Die 5 in H8 besitzt im eigenen Feld eine gefärbte 8 und sieht die anders gefärbte 5 in C8 und kann deshalb ausgeschlossen werden.

Bleibt man bei der Medusa Farbzuweisung, kann man den Kandidaten in den drei neuen zweiwertigen Feldern 6[D1], 3[G8] und 4[H8] eine Farbe zuweisen. Ebenso den Kandidaten in den Feldern 4[G8], 4[G2] und 4[H2]. Die 6 in D9 sieht in Zeile D zwei 6er unterschiedlicher Farben und kann ausgeschlossen werden. Damit können dem *nackten Paar* 35 in Zeile E und 3[F1] Farben zugeordnet werden.

In F1 kann die 7 ausgeschlossen werden, womit [F2]=7 ein *versteckter Einser* wird. Ebenso folgt [F9]=6. Schließlich zeigt sich in G8 die 4 und die 5 in derselben Farbe, womit alle Kandidaten dieser Farbe ausgeschlossen werden können und alle Kandidaten der entgegengesetzten Farbe als Lösung in die Felder eingetragen werden können. Hiernach folgen nur noch *Einser*.

Übungsrätsel 31 Medusa Farbzuweisung, kombinierter Feld-Einheit Ausschluss

M154, R157

Die Einser lauten: [D2]=2, [E4]=4, [A4]=5, [F9]=9, [F1]=5, [B6]=1 (*nackter Einser*), [E1]=1, [F5]=1, [F2]=8, [E3]=7 und [G1]=7 (*nackter Einser*).

Phase 2 ist nicht sehr effizient ([I5]$\neq$2).

Nach einem *xy-Flügel* mit [G9]$\neq$6 und einer *xy-Kette*

$$15[G9] - 58[G3] - 82[H3] - 21[H4] : \quad [H9] \neq 1$$

erreicht man den Zwischenstand von Abb. 30.

Man beginnt die Farbzuweisung in einem der zweiwertigen Felder D5, G5, G2 oder H6. Die 5 in I7 mit der gefärbten 7 sieht die 5 der anderen Farbe in I3 und kann deshalb ausgeschlossen werden.

Danach folgt ein *nacktes Paar* in Block IX mit [A7]$\neq$7, [C7]$\neq$6 und [C7]$\neq$7.

Der Rest des Rätsels ist mit *Einsern* lösbar.

	1	2	3	4	5	6	7	8	9
A	4	9	1 5	8	1 7	3	5 7	6	2
B	2	3 6	1 6 7	1 5 7	9	5 7	3 7 8	3 8	4
C	8	3 5	7	6	4	2	1	3 5	9
D	1 5 6	2	5 6	3	1 8	9	4	7	5 6 8
E	3 5	8	4	2	6 7	6 7	9	1	3 5
F	1 3 6 7	6 7	9	1 4	5	4 8	3 8	2	3 6 8
G	5 6 7	4 6 7	2	9	3 6 7 8	1	3 5 8	3 4 5 8	3 7 8
H	9	4 5 7	3	5 7	2	5 7 8	6	4 5 8	1
I	5 6 7	1	8	4 5 7	3 6 7	4 5 6 7	2	9	3 7

Abbildung 29: Zwischenstand von Übungsrätsel 30 Medusa, Regel 5.

	1	2	3	4	5	6	7	8	9
A	8	4 7, 3	2, 9	5	4, 2	6	2 7 9	1 3, 4	1 2 3, 7
B	4, 2 3	5	6	7	9	1	2, 8	4, 3, 8	2 3
C	4, 2, 9	4 7	1	8	4, 2	3	2 5 6, 7 9	4 5	2 5 6, 7
D	6	2	3	9	7 8	5, 7 8	1	5 8	4
E	1	9	7	4	3	5 8	2 5 8	6	2 5
F	5	8	4	6	1	2	3	7	9
G	7	1, 6	5 8	3	6, 8	9	4	2	1, 5
H	4, 2 3	1 4, 3 6	2, 8	1 2	5	7 8	7, 6	9	3 6, 7
I	2 3, 9	1, 3 6	2 5, 9	1 2	7, 6	4	5 6, 7	1 3, 5	8

Abbildung 30: Zwischenstand von Übungsrätsel 31 Medusa, Regel 5.

Übungsrätsel 32 gerade x-Kette, Regel 1

M162, R173

▷ Die *Einser* lauten: [H8]=1, [I5]=2, [I7]=5, [F5]=5, [A5]=7, [D3]=8, [H4]=8, [C4]=5, [D4]=1, [E1]=1, [C5]=1, [A3]=5, [H6]=5, [D5]=6, [D1]=7, [F3]=3, [H3]=7, [F9]=9, [A9]=1, [F7]=1, [F8]=6 und [A7]=8.

▷ Es folgen *verweisende Paare* mit [E7]≠4, [E8]≠4, [E9]≠4, [B4]≠6 und [I4]≠9,

▷ ein *nacktes Paar* in Spalte 7 mit [B7]≠3, [B7]≠4, [C7]≠3 und [C7]≠4,

▷ ein *xyz-Flügel* in [A1], [H1] und [A2] mit: [B1]≠3,

▷ und ein *verweisendes Paar* mit [A6]≠3.

Der Zwischenstand ist in Abb. 31 dargestellt.

▶ Mit Hilfe des Bindungsgraphs aus Abb. 32 für die 4 findet man folgende *x-Kette*:

$$4[A1] = 4[A6] - 4[E6] = 4[E5] - 4[H5] = 4[H1] - 4[I3] =$$

$$4[C3] - 4[A1] : [A1] \neq 4$$

Regel 1 besagt, dass alle 4er (mit Ausnahme der zur *x-Kette* gehörenden) in den Einheiten der schwachen Bindungen ausgeschlossen werden können.

Dies sind im Einzelnen: [B6]≠4, [C6]≠4, [G5]≠4, [I1]≠4 und [B1]≠4.

Für den weiteren Lösungsverlauf folgen einige *xy-Flügel*:

▷ ein *xy-Flügel* in B4, I4 und B1 mit [I1]≠6,

▷ ein *xy-Flügel* in B4, B1 und A6 mit [A1]≠6, [B6]≠6 und [A2]≠6,

▷ und ein *xy-Flügel* in I1, A1 und I3 mit [H1]≠4 und [C3]≠4.

▷ Danach gibt es nur noch *versteckte Einser*.

	1	2	3	4	5	6	7	8	9
A	4 3 6	3 6	5	2	7	4 6	8	9	1
B	4 6 9	1	2	4 9	8	4 3 6 9	7 6	5	4 3 7
C	8	7	4 9	5	1	4 3 6 9	2 6	4 2 3	4 3
D	7	9	8	1	6	2	4 3	4 3	5
E	1	5	6	3	4 9	4 9	2 7	2 7 8	7 8
F	2	4	3	7	5	8	1	6	9
G	5	3 6 8	1	4 6 9	4 3 9	7	4 3	4 3 8	2
H	4 3	2	7	8	4 3	5	9	1	6
I	4 3 6 9	3 6 8	4 9	4 6	2	1	5	4 3 7 8	4 3 7 8

Abbildung 31: Zwischenstand von Übungsrätsel 32. Die gerade *x-Kette* befindet sich unter den 4ern.

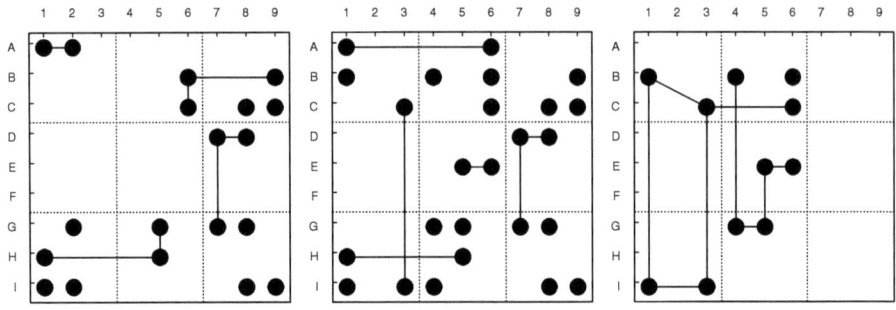

Abbildung 32: Bindungsgraph für die 3 (links), die 4 (mitte) und die 9 (rechts) für den Zwischenstand von Übungsrätsel 32 von Abb. 31. Nur aus dem Bindungsgraph für die 4 lassen sich sich die Enden der starken Paare zu einer geraden x-Kette zusammenschließen.

Übungsrätsel 33 gerade x-Kette, Regel 1,

M162, R174

▷ Die *Einser* lauten: [A1]=1, [B8]=3, [A6]=5, [G4]=6, [H4]=5, [A5]=6 und [D5]=1 (*nackter Einser*).

▷ Es folgen: *verweisende Paare* mit [C1]≠2, [C2]≠2, [C3]≠2, [F6]≠4, [A3]≠7, [B2]≠8, [B3]≠8, [B1]≠9 und [B2]≠9,

▷ ein *nackter Dreier* in Spalte 1 mit [C1]≠4 und [E1]≠2, und ein *nackter Dreier* in Spalte 6 mit [E6]≠8, [E6]≠9, [F6]≠8 und [F6]≠9, und *Beanspruchen* mit [G2]≠4, [H2]≠4 und [I3]≠4.

▶ Der Zwischenstand ist in Abb. 33 dargestellt. Die Bindungsgraphen sind in Abb. 34 gezeigt. Die gerade x-Kette befindet sich unter den 2ern:

$$2[B1] = 2[G1] - 2[G8] = 2[F8] - 2[F3] = 2[B3] - 2[B1]$$

und führt zu folgenden Ausschlüssen: [G2]≠2, [G7]≠2, [G9]≠2,

	1	2	3	4	5	6	7	8	9
A	1	3	4 8	2	6	5	4 7 8	7 8	9
B	2 5	2 5 7	2 7	8 9	4	8 9	1	3	6
C	6 9	4 8 9	4 6 8	1	3	7	4 2 8	5	4 2 8
D	8	4 2	3	4 7	1	6	2 5 7	9	2 5 7
E	6 9	1 2 9	5	7 8 9	8 9	2 3	2 3 6 7 8	4	1 2 3 7 8
F	7	1 2 4 9	2 4 6	4 8 9	5	2 3	2 3 6 8	1 2 8	1 2 3 8
G	2 4 5	2 5 8	9	6	7	1	2 3 4 5 8	2 8	2 3 4 5 8
H	3	2 7 8	1	5	8 9	4 8 9	2 4 7 8 9	6	2 4 7 8
I	4 5	6	7 8	3	2	4 8 9	4 5 7 8 9	1 7 8	1 4 5 7 8

Abbildung 33: Zwischenstand von Übungsrätsel 33. Die gerade *x-Kette* befindet sich unter den 2ern.

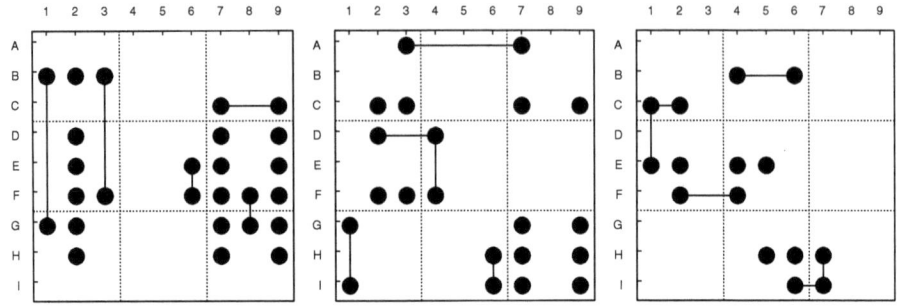

Abbildung 34: Bindungsgraphen für den Zwischenstand aus Abb. 33 für drei ausgewählte Kandidaten. Für die 2 (links), die 4 (mitte) und die 9 (rechts). Die starken Paare für die 2er Kandidaten lassen sich zu einer geraden *x-Kette* zusammenschließen.

[F2]≠2, [F6]≠2, [F7]≠2, [F9]≠2 und [B2]≠2.

▷ Im weiteren Lösungsverlauf begegnet man zwei *versteckten Einsern* [E6]=2 und [F6]=3 und einem *xy-Flügel* in G2, B2 und I3 mit [H2]≠7 und [B3]≠7. Der restliche, mit *versteckten Einsern* gepflasterte Lösungsweg, wird noch einmal durch einen *xy-Flügel* unterbrochen.

Übungsrätsel 34 ungerade x-Kette, Regel 2

M166, R175

▷ Die *Einser* lauten: [C2]=1, [E1]=1, [F8]=1, [G9]=1, [D4]=2, [G5]=3, [A4]=3, [D2]=7, [B9]=7, [A6]=7, [F6]=8, [E9]=8, [H9]=2, [C7]=8, [A1]=8, [C1]=4, [G1]=2, [B3]=2, [I6]=2, [E7]=2, [C8]=2, [I3]=3, [B2]=3, [D8]=3, [H7]=3, [A8]=4, [B6]=4, [H4]=4 und [I7]=4.

▷ Mit *Beanspruchen* mit 6[D7]≠6 und 6[E8]≠6 und einem *verweisenden Paar* mit [H6]≠9 folgt der in Abb. 36 gezeigte

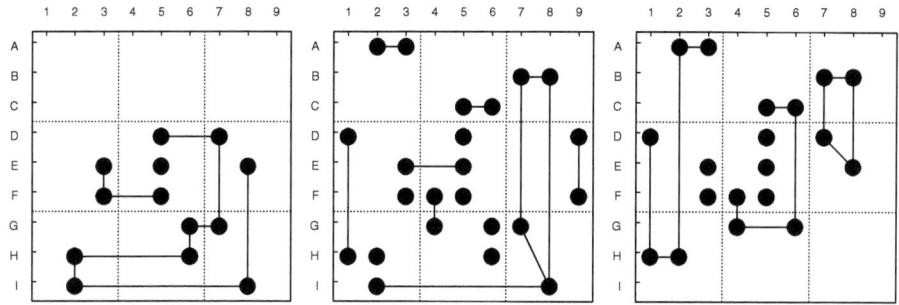

Abbildung 35: Bindungsgraphen für den Zwischenstand von Übungsrätsel 34 aus Abb. 36 für drei ausgewählte vielversprechende Kandidaten. Für die 5 (links), die 6 (mitte) und die 9 (rechts). Die *starken Paare* für die 6er Kandidaten lassen sich zu einer ungeraden *x-Kette* zusammenschließen.

Zwischenstand.

Die Bindungsgraphen sind in Abb. 35 gezeigt.

► Hier gilt es eine etwas längere ungerade *x-Kette* in der 6 zu finden:

$$[B7] = [B8] - [I8] = [I2] - [A2] = [A3]-$$

$$[E3] = [E5] - [F4] = [G4] - [G7] = [B7] : [B7] = 6$$

▷ Danach reichen *versteckte Einser* um das Rätsel vollständig zu lösen.

Übungsrätsel 35 ungerade x-Kette, Regel 2

M166, R167

▷ Die *Einser* lauten: [I2]=4, [F4]=5, [H6]=6, [F1]=7, [D5]=7, [F5]=2, [E6]=4, [E4]=3, [F3]=4, [F2]=1, [C3]=6, [D2]=6, [E1]=8,

	1	2	3	4	5	6	7	8	9
A	8	6 9	6 9	3	2	7	1	4	5
B	5	3	2	8	1	4	6 9	6 9	7
C	4	1	7	5	6 9	6 9	8	2	3
D	6 9	7	8	2	4 5 6 9	1	5 9	3	4 6
E	1	4	5 6 9	7	5 6 9	3	2	5 9	8
F	3	2	5 6 9	6 9	4 5 6 9	8	7	1	4 6
G	2	8	4	6 9	3	5 6 9	5 6	7	1
H	6 9	5 6 9	1	4	7	5 6	3	8	2
I	7	5 6	3	1	8	2	4	5 6	9

Abbildung 36: Zwischenstand von Übungsrätsel 34. Die ungerade *x-Kette* befindet sich unter den 6ern.

[E9]=9, [F8]=6, [B3]=8 (*nackter Einser*) und [A5]=8.

▷ Es folgen ein *verweisendes Paar* mit [A6]≠1 und mit *Beanspruchen* folgt [G6]≠1 und [H5]≠1.

Der Zwischenstand ist in Abb. 37 gezeigt.

▶ Mit Hilfe der in Abb. 38 gezeigten Bindungsgraphen kann man die ungerade *x-Kette* in der 9 ausfindig machen:

$$[I5] = [I7] - [C7] = [C2] - [A3] = [H3] - [H5] = [I5] : [I5] = 9$$

▷ Zur Lösung braucht es neben den *Einsern* noch einen *xy-Flügel*.

Übungsrätsel 36 ungerade x-Kette, Regel 3

M169, R177

▷ Die *Einser* lauten: [B1]=4, [A3]=2, [C2]=6, [D2]=8, [C7]=9, [D6]=7 (*nackter Einser*), [I5]=7 und [D5]=4 (*nackter Einser*).

Danach folgen:

▷ *verweisende Paare*: [G1]≠1, [H1]≠1, [I1]≠1, [F8]≠5, [F9]≠5, [F1]≠9 und [F3]≠9,

▷ ein *nacktes Paar* in Zeile I mit [I7]≠2

▷ und ein *xyz-Flügel* in [C6], [I6] und [C5] mit [B6]≠5.

Der Zwischenstand ist in Abb. 39 dargestellt.

▶ Bindungsgraphen ausgewählter Kandidaten sind in Abb. 40 gezeigt. Hier gilt es die ungerade *x-Kette* in der 2 zu finden:

$$[G1] - [I1] = [I6] - [C6] = [C9] - [H9] = [G8] - [G1] : [G1] \neq 2$$

▷ Dieser Ausschluss legt einen *nackten Dreier* in Spalte 1 frei: [E1]≠6, [E1]≠3 und [H1]≠3.

▷ Damit folgt ein *nackter Einser* mit [E1]=9, ein *versteckter Einser* [H3]=9, und ein *xyz-Flügel* in [E3], [F3] und [E7]: [E2]≠4.

	1	2	3	4	5	6	7	8	9
A	1 2 3 4	2 3 9	1 9	6	8	2 3 5 7	2 3 5 7 9	2 4 5 9	2 3 4 5 7
B	2 3 4	7	8	9	4 3	2 3 5	6	2 4 5	1
C	5	2 3 9	6	2 7	1 4 3	1 2 3 7	2 3 7 9	8	2 3 4 7
D	9	6	3	1	7	8	2 5	2 4 5	2 4 5
E	8	5	2	3	6	4	1	7	9
F	7	1	4	5	2	9	3 8	6	3 8
G	1 2 3 8 9	2 3 8 9	7	4	5	2 3	2 8 9	1 2 9	6
H	1 2 3 8 9	2 3 8 9	1 9	2 7 8	3 9	6	4	1 2 5 9	2 5 7 8
I	6	4	5	2 7 8	1 9	1 2 7	2 7 8 9	3	2 7 8

Abbildung 37: Zwischenstand von Übungsrätsel 35. Die *ungerade x-Kette* befindet sich unter den 9ern.

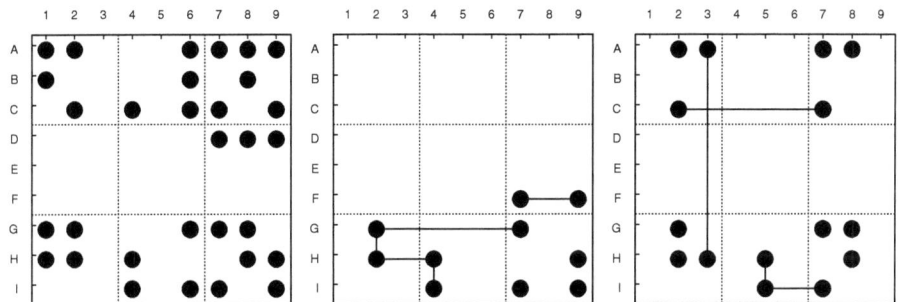

Abbildung 38: Bindungsgraphen für drei ausgewählte vielversprechende Kandidaten aus dem Zwischenstand von Abb. 37 für Übungsrätsel 35. Links: Bei zu vielen Kandidaten, wie hier bei der 2 bilden sich keine starken Paare. Mitte: Für die 8. Rechts: Die *starken Paare* für die 9er Kandidaten lassen sich zu einer ungeraden *x-Kette* zusammenschließen.

	1	2	3	4	5	6	7	8	9
A	**7**	**5**	**2**	1 9	1 6 8 9	**4**	**3**	1 8	1 6
B	**4**	**9**	**3**	1 2 5	1 5 6 8	2 8	1 2 6	1 2 5 7 8	1 2 5 6 7
C	**8**	**6**	**1**	**7**	3 5	2 3 5	**9**	**4**	2 5
D	1 6	**8**	**5**	**3**	**4**	**7**	1 2 6	**9**	1 2 6
E	3 6 9	3 4	4 6 7 9	**8**	**2**	**1**	4 6	5 7	3 4 5 6 7
F	1 3	**2**	4 7	5 9	5 9	**6**	**8**	1 7	1 3 4 7
G	2 3 6	**7**	4 6	1 2 4	1 3	**9**	**5**	1 2	**8**
H	2 3 5 9	1 3 4	4 9	1 2 4 5	1 3 5 8	2 3 5 8	**7**	**6**	1 2 4
I	2 5	1 4	**8**	**6**	**7**	2 5	1 4	**3**	**9**

Abbildung 39: Zwischenstand von Übungsrätsel 36. Die ungerade *x-Kette* befindet sich unter den 2ern.

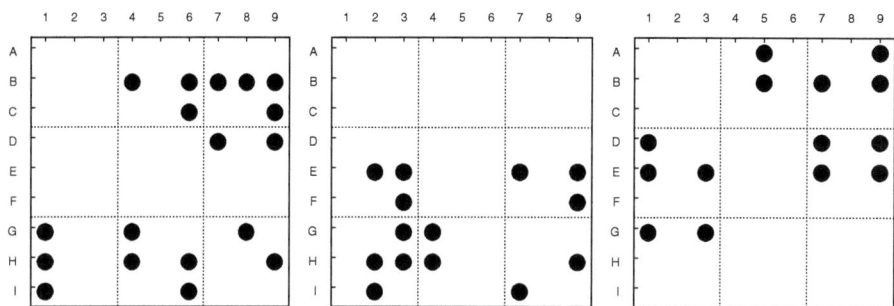

Abbildung 40: Bindungsgraphen für drei ausgewählte vielversprechende Kandidaten aus dem Zwischenstand von Abb. 39. Links: Die 2er (*starke und schwache Paare* bitte selbst eintragen). Mitte: Die 4er (*starke Paare* bitte selbst verbinden), Rechts: Die 6er (*starke Paare* bitte selbst verbinden). Die *starken Paare* für die 2er Kandidaten lassen sich zu einer ungeraden *x-Kette* zusammenschließen.

▷ Der Rest des Rätsels ist mit *versteckten* und *nackten Einsern* zu lösen.

Übungsrätsel 37 ungerade x-Kette, Regel 3

M169, R178

▷ Die *Einser* lauten: [A4]=3, [I2]=4, [E6]=5, [D6]=3, [F3]=5, [D8]=7, [B1]=8, [G6]=8, [I6]=6, [F7]=8 und [I1]=9 (*nackter Einser*).
▷ Es folgt ein *nackter Dreier* in Zeile F: [F2]≠1, [F2]≠9, [F9]≠2 und [F9]≠9.
Der Zwischenstand ist in Abb. 41 dargestellt.
▶ Bindungsgraphen ausgewählter Kandidaten sind in Abb. 42 gezeigt. Mit den 2er Kandidaten lässt sich die folgende ungerade *x-Kette* bilden:

$$[A7] - [A2] = [G2] - [I3] = [I5] - [D5] = [D7] - [A7] : [A7] \neq 2$$

▷ Im verbleibenden Lösungsweg erscheint ein *verweisendes Paar* [B3]≠2, ein *nacktes Paar* in Zeile B: [B4]≠1, [B4]≠9, [B8]≠9 und [B9]≠9 und *nackte* und *versteckte Einser*.

	1	2	3	4	5	6	7	8	9
A	7	2 6 9	2 6 9	3	5	4	2 6 9	8	1
B	8	5	1 2 9	1 7 9	6	1 9	3	2 4 9	2 4 7 9
C	1 3 6	1 3 6 9	4	8	1 7 9	2	5 6 9	5 9	6 7 9
D	1 6	1 6 9	8	4	1 2 9	3	2 6 9	7	5
E	2	7	1 3 9	6	8	5	4 9	1 4 9	4 3 9
F	4	3 6	5	1 2 9	1 2 9	7	8	1 2 9	3 6
G	1 3 5 6	1 2 3 6	1 2 3 6	1 2 9	4	8	7	2 5 9	2 9
H	1 5	8	1 2 7	1 2 7 9	3	1 9	2 4 5 9	6	2 4 9
I	9	4	2 7	5	2 7	6	1	3	8

Abbildung 41: Zwischenstand von Übungsrätsel 37. Die ungerade *x-Kette* befindet sich unter den 2ern.

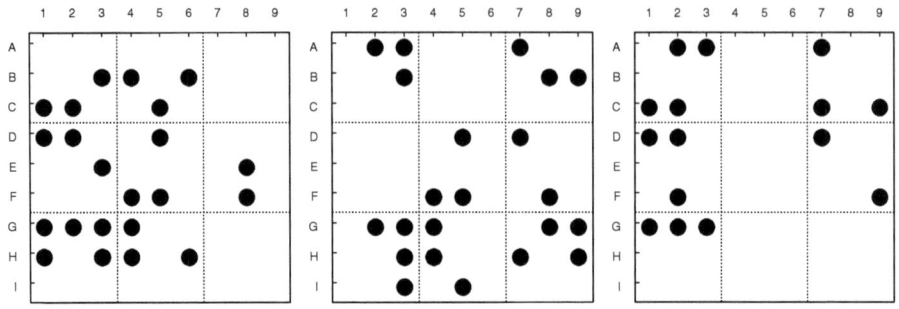

Abbildung 42: Bindungsgraphen für drei ausgewählte vielversprechende Kandidaten aus dem Zwischenstand von Abb. 41. Links für die 1er, in der Mitte für die 2er und rechts für die 6er. Bitte die starken Paare selbst verbinden. Die *starken Paare* für die 2er Kandidaten lassen sich zu einer ungeraden *x-Kette* zusammenschließen.

Übungsrätsel 38 x-Kette mit Gruppen, Regel 1 und 3 M186, R191

▷ Die *Einser* lauten: [A8]=2, [B1]=5, [D5]=6, [F5]=5, [G6]=6, [E7]=6, [C4]=8, [A9]=8, [C9]=6, [A1]=6, [I7]=8, [G7]=2, [D7]=1, [F7]=9, [B9]=9, [B8]=1, [G1]=1, [C6]=9, [C5]=2, [C3]=7, [C1]=3, [A5]=7, [D1]=9 und [H1]=8.

Überspringt man Phase 2, folgen ein *verweisendes Paar* [D6]≠2 und mittels *Beanspruchen* [D6]≠3.

▶ Danach folgt eine erste ungerade *x-Kette* mit Gruppen:

$$4[E4] - 4[E1] = 4[I1] - 4[G3|G2] = 4[G4] - 4[E4] : [E4] \neq 4$$

Dieser Zwischenstand ist in Abb. 43 dargestellt.

▶ Nun folgt eine zweite gerade *x-Kette* mit einem Gruppenknoten:

	1	2	3	4	5	6	7	8	9
A	6	4 9	4 9	1	7	5	3	2	8
B	5	2	8	6	4 3	4 3	7	1	9
C	3	1	7	8	2	9	5	4	6
D	9	4 3 8	4 2 3	4 2 3 7	6	4 7	1	5 3 7 8	4 5 7
E	4 2	5	1	2 3 7	9	8	6	3 7	4 7
F	7	4 3 8	6	4 3	5	1	9	3 8	2
G	1	4 7 9	4 5 9	4 7	8	6	2	7 5	3
H	8	3 7	2 3 5	9	1 3	2 3 7	4	6	1 5 7
I	4 2	6	4 2 3	5	1 3 4	4 2 3 7	8	9	1 7

Abbildung 43: Zwischenstand von Übungsrätsel 38. Die gerade *x-Kette* mit Gruppen befindet sich unter den 4ern.

$$4[F2] = 4[F4] - 4[G4] = 4[G3|G2] - 4[I1] = 4[E1] - 4[F2]$$

womit sich die folgenden vier Kandidaten ausschließen lassen: $[D4]\neq 4$, $[I3]\neq 4$, $[D2]\neq 4$ und $[D3]\neq 4$.

Übungsrätsel 39 x-Kette mit Gruppen, Regel 1 M186, R192

▷ Die *Einser* lauten: $[H6]=1$, $[I2]=1$, $[A8]=2$, $[B1]=3$, $[A5]=3$, $[C1]=6$, $[C2]=2$, $[E3]=2$, $[F3]=3$, $[H9]=3$, $[E7]=3$, $[E2]=4$, $[D7]=4$, $[E6]=6$, $[H2]=7$ und $[G3]=8$.

Trägt man alle Kandidaten ein, ergeben sich die folgenden Ausschlüsse:

▷ ein *verweisendes Paar* $[B8]\neq 5$,

▷ *Beanspruchen* $[B3]\neq 5$,

▷ ein *verweisendes Paar* $[C5]\neq 8$,

▷ *Beanspruchen* $[B4]\neq 9$, $[B5]\neq 9$, $[C5]\neq 9$ und

▷ ein *nackter Dreier* in Spalte 9: $[B9]\neq 4$, $[B9]\neq 9$ und $[G9]\neq 9$.

▶ Im Zwischenstand von Abb. 44 gilt es die gerade *x-Kette* mit zwei Gruppen in der 9 ausfindig zu machen:

$$9[B3] = 9[B8|B7] - 9[C9|A9] = 9[F9] - 9[F2] = 9[A2] - 9[B3]$$

mit den folgenden drei Ausschlüssen: $[C7]\neq 9$, $[F5]\neq 9$ und $[A3]\neq 9$.

▷ Ein letzter *xy-Flügel* in F5, F9 und E4 mit $[E8]\neq 9$ schließt die schwierige Phase des Lösungswegs ab.

Übungsrätsel 40 x-Kette mit Gruppen, Regel 2 M186, R196

▷ Die *Einser* sind: $[G1]=1$, $[E9]=3$, $[A4]=3$, $[B1]=4$, $[D4]=4$,

	1	2	3	4	5	6	7	8	9
A	1	5 9	4 5 9	6	3	8 9	7	2	4 8 9
B	3	8	4 9	4 5 7	4 5 7	2	5 6 9	1 9	1 6
C	6	2	7	1	4 5	8 9	5 8 9	3	4 8 9
D	5 9	6	1	3	5 8 9	7	4	5 8 9	2
E	8	4	2	5 9	1	6	3	5 9	7
F	7	5 9	3	2	5 8 9	4	1	6	8 9
G	4 9	3	8	4 7 9	4 6 7 9	5	2	1 7 9	1 6
H	2 5 9	7	5 9	8	2 6 9	1	6 9	4	3
I	2 4 9	1	6	4 7 9	2 4 7 9	3	8 9	7 8 9	5

Abbildung 44: Zwischenstand von Übungsrätsel 39. Die gerade *x-Kette* mit zwei Gruppen befindet sich unter den 9ern.

[F6]=2, [F2]=4, [F7]=1, [I4]=6, [A8]=6, [H9]=6, [F8]=9, [F1]=7 und [D2]=1 (*nackter Einser*).

Durchläuft man Phase 2, spart man sich die folgenden vier Ausschlüsse:

▷ Ein *verweisendes Paar*: [I3]$\neq$7

▷ Ein *verweisendes Paar*: [G9]$\neq$9

▷ Ein *versteckter Dreier* in Block II: [A5]$\neq$8 [C6]$\neq$9.

▷ Ein *verweisendes Paar* [G4]$\neq$9.

▶ Nun die Schlüsselstelle: eine *x-Kette* mit Gruppen in der 8:

$$8[C4|B4] = 8[G4] - 8[G8] = 8[B8] - 8[B5] = 8[C4|B4]$$

was bedeutet, dass die 8 im Gruppenknoten [C4|B4] stehen muss. Man kann sie deshalb in [B5] und in [G4] ausschließen.

▷ Nach dem nun freigelegten *nackten Einser* in [B5] braucht man für den restlichen Lösungsweg nur noch *versteckte Einser*.

Übungsrätsel 41 x-Kette mit zwei Gruppen, Regel 3 M186, R197

▷ Die *Einser* lauten: [E4]=1, [D1]=4, [H5]=4, [E6]=4, [B7]=4, [D8]=5, [G1]=8, [H3]=1, [H4]=5, [G7]=5, [E8]=9, [H2]=6 (*nackter Einser*), [A3]=6, [G6]=6, [G4]=7, [A6]=8, [A1]=7, [C2]=8 und [I2]=7 (*nackter Einser*).

Durchläuft man Phase 2, spart man sich die folgenden Ausschlüsse:

▷ Ein *verweisendes Paar* [B5]$\neq$2, [B6]$\neq$2 und [B9]$\neq$2.

▷ Ein *verweisendes Paar* [I4]$\neq$3, [I7]$\neq$3 und [I9]$\neq$3.

▷ Dann ein *nackter Dreier* in Spalte 3: [D3]$\neq$2, [D3]$\neq$3, [F3]$\neq$2 und [F3]$\neq$3.

▶ Der Zwischenstand ist in Abb. 45 gezeigt. Aus dem nicht abgebildeten Bindungsgraph für die 3 lassen sich zwei *x-Ketten* ableiten:

Abbildung 45: Zwischenstand von Übungsrätsel 41. Einige *x-Kette* mit Gruppen.

	1	2	3	4	5	6	7	8	9
A	7	3	6	4	1 2	8	9	1 2	5
B	1 5 9	2 9	2 5	6	1 3 5 9	3 7 9	4	8	1 3 7
C	1 5 9	8	4	2 3 9	1 2 3 5 9	2 3 7 9	2 3 6 7	1 2 3 6	1 2 3 6 7
D	4	2 9	7 8	2 3 8 9	6	2 3 9	1	5	2 3 7
E	6	5	2 3	1	7	4	2 3	9	8
F	3 9	1	7 8	2 3 8 9	2 3 9	5	2 3 6 7	2 3 6	4
G	8	4	9	7	2 3	6	5	1 2 3	1 2 3
H	2	6	1	5	4	3 9	8	7	3 9
I	3 5	7	3 5	2 9	8	1	2 6	4	2 6 9

$$3[C6] - 3[H6] = 3[H9] - 3[B9] = 3[B6|B5] - 3[C6] : [C6] \neq 3$$

und

$$3[D6] - 3[H6] = 3[H9] - 3[B9] = 3[C9|C7|C8]-$$

$$3[C4] = 3[F4|D4] - 3[D6] : [D6] \neq 3.$$

▷ Danach folgt ein *nacktes Paar* in Zeile D: [D4]$\neq$2, [D4]$\neq$9 und [D9]$\neq$2.

▷ Ein *xy-Flügel* in H6, D6 und G5 mit [F5]$\neq$2.

▷ Ein *nacktes Paar* in Zeile F: [F4]$\neq$3, [F4]$\neq$9, [F7]$\neq$3 und [F8]$\neq$3.

► Und zum Abschluss nochmal eine *x-Kette* (ohne Gruppen) in den 3er Kandidaten:

$$3[D4] = 3[D9] - 3[E7] = 3[C7] - 3[C4] = 3[D4] : [D4] = 3.$$

▷ Der weitere Lösungsweg besteht nur noch aus *Einsern*.

Übungsrätsel 42 gerade AIC, Regel 1

M206, R229

Für den Spielstand des Übungsrätsels 42 gibt es mehrere *gerade AICs*:

1.

$$4[D6] = 4[D8] - 4[F7] = 6[F7] - 6[I7] = 6[I6]-$$

$$1[I6] = 1[A6] - 3[A6] = 3[D6] - 4[D6],$$

womit zwei Kandidaten ausgeschlossen werden können:

[H7]$\neq$6 und [A6]$\neq$9, sowie die Variante

2.

$$4[D6] = 4[D8] - 4[H8] = 6[H8] - 6[I7] = 6[I6]-$$
$$1[I6] = 1[A6] - 3[A6] = 3[D6] - 4[D6],$$

womit die beiden Kandidaten ausgeschlossen werden können:
$[H7] \neq 6$ und $[F8] \neq 4$.

Übungsrätsel 43 gerade AIC, Regel 1

M206, R230

Beim Spielstand des Übungsrätsels 43 gibt es drei Varianten einer *geraden AIC* mit nur vier starken Bindungen:

1.

$$2[A2] = 2[C2] - 2[C6] = 2[F6]-$$
$$1[F6] = 1[D6] - 1[D2] = 1[A2]-,$$

womit diese Kandidaten ausgeschlossen werden können:
$[C7] \neq 2$, $[A2] \neq 3,6,8$ und $[F6] \neq 8$.

2.

$$2[A2] = 2[C2] - 2[C6] = 2[F6]-$$
$$1[F6] = 1[F3] - 1[D2] = 1[A2]-,$$

womit die selben Kandidaten ausgeschlossen werden können, und.

3.

$$2[A2] = 2[C2] - 2[C6] = 2[F6]-$$
$$1[F6] = 1[F3] - 1[A3] = 1[A2]-,$$

womit ebenfalls die selben Kandidaten ausgeschlossen werden können.

Übungsrätsel 44 ungerade AIC, Regel 2

M210, R231

Die kürzeste *ungerade AIC, Regel 2* von mehreren Varianten lautet:

$$6[A4] = 6[A6] - 3[A6] = 3[D6] - 4[D6] = 4[D8] - 4[H8] = 6[H8]$$

$$-6[H4] = 6[A4],$$

womit sich [A4]=6 bestätigt und [A4]$\neq$9, [A6]$\neq$6 und [H4]$\neq$6 folgt.
Für den weiteren Lösungsweg ist eine *gerade AIC* erforderlich:

$$6[I7] - 6[F7] = 4[F7] - 4[D8] = 4[D6] - 3[D6] = 3[A6]-$$

$$1[A6] = 1[I6] - 6[I6] = 6[I7],$$

mit welcher [H7]$\neq$6, [F8]$\neq$4 und [A6]$\neq$9 folgt.
Im weiteren Lösungsverlauf kommen mehrere *Einser*, ein *Wolkenkratzer* in der 4, und wieder *Einser* vor.

Übungsrätsel 45 ungerade AIC, Regel 2

M210, R232

1. Die Kette, mit der sich 3[G1] bestätigen lässt lautet:

$$3[G1] = 8[G1] - 8[I2] = 4[I2] - 4[I6] = 4[G6] - 3[G6] = 3[G1] :$$

$$[G1] = 3$$

2. Die kürzeste Kette, mit der sich 3[E6] bestätigen lässt, lautet

$$3[E6] = 3[G6] - 4[G6] = 4[I6] - 4[I2] = 8[I2]-$$

$$8[G1] = 3[G1] - 3[H1] = 3[H4] - 3[E4] = 3[E6].$$

3. Eine von mehreren Möglichkeiten um 4[A3] zu bestätigen lautet

$$4[A3] = 4[A9] - 6[A9] = 6[A5] - 6[B4] = 6[H4] - 3[H4] = 3[H1] -$$

$$3[G1] = 8[G1] - 8[B1] = 8[B2] - 4[B2] = 4[A3].$$

Übungsrätsel 46 ungerade AIC, Regel 3

M212, R233

Einige der kürzesten *ungerade AICs* lauten:

1.

$$3[F8] - 3[E8] = 4[E8] - 4[E2] = 4[A2] - 2[A2] = 2[A6] -$$

$$2[F6] = 3[F6] - 3[F8] : [F8] \neq 3$$

2.

$$2[F6] - 3[F6] = 3[F8] - 3[E8] = 4[E8] - 4[E2] = 4[A2] -$$

$$2[A2] = 2[A6] - 2[F6] : [F6] \neq 2$$

3.

$$4[D9] - 1[D9] = 1[D4] - 7[D4] = 7[D3] - 7[E3] = 3[E3] -$$

$$3[E8] = 4[E8] - 4[D9] : [D9] \neq 4$$

4. Daneben gibt es eine Vielzahl von *geraden AICs*, mit denen sich 3[F6] bestätigen lässt:

$$3[F6] = 2[F6] - 2[A6] = 2[A2] - 4[A2] = 4[E2] -$$

$$4[E8] = 3[E8] - 3[F8] = 3[F6] : [F6] = 3$$

Übungsrätsel 47 ungerade AIC, Regel 3

M212, R234

Bei diesem etwas schwierigeren Zwischenstand, könnte eine der folgenden *ungeraden AICs* Anwendung finden:

1.

$$4[H9] - 7[H9] = 7[H1] - 7[I2] = 3[I2] - 3[B2] = 1[B2] -$$
$$1[A3] = 1[D3] - 9[D3] = 9[H3] - 9[H5] = 4[H5] - 4[H9] :$$
$$[H9] \neq 4$$

2.

$$6[I5] - 9[I5] = 9[I1] - 9[H3] = 9[D3] - 1[D3] = 1[A3] -$$
$$1[B2] = 3[B2] - 3[I2] = 7[I2] - 7[I8] = 6[I8] - 6[I5] :$$
$$[I5] \neq 6$$

3.

$$7[I7] - 4[I7] = 4[H9] - 4[H5] = 9[H5] - 9[H3] = 9[D3] -$$
$$1[D3] = 1[A3] - 1[B2] = 3[B2] - 3[I2] = 7[I2] - 7[I7] :$$
$$[I7] \neq 7$$

mit den beiden Varianten:

$$7[I7] - 4[I7] = 4[I5] - 4[H5] = 9[H5] - 9[H3] = 9[D3] -$$
$$1[D3] = 1[A3] - 1[B2] = 3[B2] - 3[I2] = 7[I2] - 7[I7] :$$
$$[I7] \neq 7$$

und

$$7[I7] - 4[I7] = 4[I5] - 9[I5] = 9[I1] - 9[H3] = 9[D3] -$$
$$1[D3] = 1[A3] - 1[B2] = 3[B2] - 3[I2] = 7[I2] - 7[I7] :$$
$$[I7] \neq 7.$$

Übungsrätsel 48 ALS-XZ Paar m240, r269

Den in Abb. 46 gezeigten Zwischenstand von Übungsrätsel 48 erreicht
man ohne *AIC*:

▷ Die *Einser* lauten: [I6]=2, [F5]=2, [E9]=5, [G9]=4, [A9]=2,
[C3]=2, [A3]=4, [H2]=4, [H1]=7, [G1]=2 und [H7]=2.

▷ Trägt man nun alle Kandidaten ein, folgen Ausschlüsse mittels
Block-Reihen Wechselwirkungen:

Zeile 2 und Block I: [A1] $\neq$ 1, [A2] $\neq$ 1 und [C2] $\neq$ 1,

Block VI und Zeile 6: [F2] $\neq$ 7 und [F3] $\neq$ 7,

Block III und Zeile 1: [A4] $\neq$ 9, [A5] $\neq$ 9 und [A6] $\neq$ 9,

Block VII und Spalte 2: [F2] $\neq$ 9,

▷ ein *W-Flügel*

$$(68)[F2] - 8[G2] = 8[G7] - (68)[I9] : [F9] \neq 6$$

▷ und damit [F9]=7 (*nackter Einser*) und folgend [F8] $\neq$ 7 und
[B9] $\neq$ 9.

▷ Ein zweiter *W-Flügel*

$$(68)[F2] - 8[F3] = 8[B3] - (68)[B9] : [B2] \neq 6$$

▷ Es folgt ein *Drachen* in der 8: [G2] = [G7] $-$ [I9] = [B9] : [B2] $\neq$ 8.

▷ Eine *x-Kette* in der 8:

$$[G2] = [G7] - [I9] = [B9] - [B3] = [F3] : [D2] \neq 8, [F2] \neq 8,$$

▷ zwei *nackte Einser*: [F2]=6, [F9]=7,

▷ ein *verweisendes Paar* in der 6 mit [A7]$\neq$6 und [C7]$\neq$6,

▷ ein *nacktes Paar* in Zeile F und Block VI: [F4]$\neq$3.

▷ ein *verweisendes Paar* in der 3 in Block V und Zeile D: [D7]$\neq$3.

▷ ein *xyz-Flügel* in C2, D2 und B3: [A2]$\neq$7, [B2]$\neq$7,

▷ ein *Drache* in der 7: [C2] = [D2] $-$ [E3] = [E6] : [C6] $\neq$ 7,

▷ und schließlich eine *x-Kette* in der 7:

$$[E6] = [E3] - [B3] = [C2] - [C8] = [A8] : \quad [A6] \neq 7.$$

▶ Mit den beiden ALS [A6](36) und [A1|A2|B3|C2](56837) aus dem Zwischenstand von Abb. 46 die ein *ALS-XZ Paar* mit X=3 und Z=6 bilden, ergeben sich folgende Ausschlüsse: [A4]≠6, [A5]≠6 und [A8]≠6.

▶ Da aber auch die 6 *eingeschränkt gemeinsamer Kandidat* ist, sind beide ALS doppelt gebunden. Mit X=6 und Z=3 ergeben sich die weiteren Ausschlüsse: [A4]≠ 3 und [A5]≠ 3.

▶ Da somit 3 und 6 beide *eingeschränkt gemeinsam* sind, sind die 5, die 8 und die 7 an
[A1|A2|B3|C2](56837) gebunden und somit [B1]≠ 8.

▷ Nach einem *xy-Flügel* ist der Rest des Rätsels mit *Einsern* zu lösen.

Übungsrätsel 49 ALS-XZ Paar M240, R270

▷ Die *Einser* lauten: [B9]=5, [E5]=7, [F7]=6 (*nackter Einser*), [I9]=6, [C8]=6, [F9]=2 (*nackter Einser*), [G9]=4 (*nackter Einser*) und [G4]=3 (*nackter Einser*).

Hat man wegen der vielen *nackten Einser* vielleicht Phase 2 übersprungen, folgen:

▷ *verweisende Paare* mit: [E2]≠1, [E3]≠1, [E2]≠5, [E7]≠9, [H7]≠9 und [I7]≠9.

▷ Danach ein *nackter Einser*: [I7]=3.

▷ Ein *nacktes Paar* in Zeile A: [A1]≠4, [A2]≠4, [A2]≠9, [A3]≠4, [A4]≠4, [A4]≠9, [A6]≠4 und [A6]≠9.

▷ Ein *nacktes Paar* in Spalte 5: [C5]≠4, [C5]≠9, [D5]≠4 und [D5]≠9.

▷ Ein *xyz-Flügel* C6, C1 und A5 mit [C4]≠4.

▷ Ein *Drachen* in der 8: [G2] = [G8] − [H7] = [E7] : [E2] ≠ 8.

	1	2	3	4	5	6	7	8	9
A	5 6 8	3 5 8	**4**	1 3 5 6 8	3 5 6 7 8	3 6	1 8 9	1 6 7 9	**2**
B	1 6 8	1 3	7 8	**2**	3 6 7 8 9	3 6 7 9	**5**	**4**	6 8
C	**9**	5 7 8	**2**	1 4 5 6 8	5 6 7 8	4 6	1 8	1 6 7	**3**
D	5 8	5 7	**1**	3 4 6 8	3 6 7 8	3 4 6 7	4 6	**2**	**9**
E	**3**	**2**	7 9	4 6 9	**1**	4 6 7 9	4 6	**8**	**5**
F	**4**	**6**	8 9	8 9	**2**	**5**	1 3	1 3	**7**
G	**2**	8 9	**6**	**7**	3 5 9	**1**	3 8 9	3 5 9	**4**
H	**7**	**4**	**5**	3 6 9	3 6 9	**8**	**2**	3 6 9	**1**
I	1 8	1 8 9	**3**	5 6 9	**4**	**2**	**7**	5 6 9	6 8

Abbildung 46: Zwischenstand von Übungsrätsel 48.

Der Zwischenstand ist in (Abb. 47) dargestellt.

Dieser Spielstand zeigt die schwierigste Stelle im Lösungsverlauf und kann mit einem beliebigen der sechs möglichen *ALS-XZ-Paare* überwunden werden. Danach ist das Rätsel mit *Einsern* zu lösen:

- [C1|F1](345) und [A4|A5|C4|C5|C6](154923) mit RCC=X=3, Z=5 und [F4]≠5

- [A5|C6](493) und [D6|E6|F4](3495) mit RCC=X=3, Z=9 und [B6]≠9

- [A3|A4|A6](1785) und [G2|I2|I3](5847) mit RCC=X=7, Z=8 und [A2]≠8

- [G2|I2|I3](5847) und [A3|A4|A5|A6|A7](178549) mit RCC=X=7, Z=8 und [A2]≠8

- [G2|I2|I3](5847) und [A3|B2|B3|C1|C2](178349) mit RCC=X=7, Z=8 und [A2]≠8

- sowie ein doppelt gebundenes *ALS-XZ Paar*:

  [C1|C5|C6](3429) und [D5|D6|E6|F4](23495) mit RCC=X=2,9 und Z=2,9

  und [B6]≠9, [C2]≠3, [C2]≠4, [D4]≠4, [E4]≠5 und [B6]≠9.

- Anstatt der *ALS* sind auch *AIC* möglich, wovon die beiden kürzesten die folgenden sind:

  3[D3] − 3[H3] = 3[H1] − 7[H1] = 7[A1] − 6[A1] = 6[A2]−

  6[E2] = 3[E2] − 3[D3] mit [D3]≠3

- 3[E3] − 3[H3] = 3[H1] − 7[H1] = 7[A1] − 6[A1] = 6[A2]−

  6[E2] = 3[E2] − 3[E3] mit [E3]≠3

	1	2	3	4	5	6	7	8	9
A	6 / 7 8	1 6 / 8	1 / 7 8	1 / 5	4 / 9	5 / 8	4 / 9	**2**	**3**
B	**2**	3 / 4 / 8 9	3 / 4 / 8	**7**	**6**	3 / 4 / 8 9	4 / 9	**1**	**5**
C	3 / 4	1 3 / 4 / 9	**5**	1 2 / 9	2 3	3 / 4 / 9	**7**	**6**	**8**
D	3 / 4 6 / 8	1 3 / 4 6 / 8	1 2 3 / 4 / 8	2 / 4 6 / 9	2 3	3 / 4 / 9	**5**	8 9	**7**
E	3 / 5 6 / 8	3 / 6	2 3 / 8	2 / 5 6 / 9	**7**	3 / 5 / 9	1 / 8	**4**	1 / 9
F	4 5	**7**	**9**	4 5	**8**	**1**	**6**	**3**	**2**
G	**9**	5 / 8	**6**	**3**	**1**	**7**	**2**	5 / 8	**4**
H	3 / 4 / 7 8	**2**	3 / 4 / 7 8	4 / 9	**5**	**6**	1 / 8	7 8 9	1 / 9
I	**1**	4 5	4 / 7	**8**	4 / 9	**2**	**3**	7 5 9	**6**

Abbildung 47: Zwischenstand von Übungsrätsel 49.

- Ebenso eine etwas längere, dafür aber effizientere AIC mit gerader Knotenanzahl:

$4[A5] = 4[A7] - 4[B7] = 9[B7] - 9[B2] = 9[C2]-$

$1[C2] = 1[C4] - 1[A4] = 5[A4] - 5[A6] = 5[E6]-$

$5[F4] = 4[F4] - 4[H4] = 4[I5] - 4[A5]$

mit $[B6] \neq 9$, $[C2] \neq 3$, $[C2] \neq 4$, $[E4] \neq 5$ und $[D4] \neq 4$.

Zur Lösung des Rätsels gelangt man unschwierig mit *Einsern*.

Übungsrätsel 50 ALS-XZ Paar mit Überschneidung M248, R271

Die Schlüsselstelle von Übungsrätsel 50 (Abb. 48) ist mit leichten Mitteln zu erreichen.

▶ Beim Spielstand von Abb. 48 bietet sich dieses *ALS-XZ-Paar* an:

[A2|C2|D2](1273) und [B1|B2|B3|B9](28195)

RCC=X=1 Z=2 mit $[A1] \neq 2$, $[A3] \neq 1$ und $[C3] \neq 1$.

▶ Danach ein *ALS-XZ Paar mit Überschneidungen*:

[B1|B7](281) und [A8|B7|B9|C8](12578)

RCC=X=8 Z=1 mit $[A7] \neq 1$ $[C7] \neq 1$.

▶ und als letzter schwieriger Ausschluss ein *ALS-XZ Paar*

[E3|G3](371) und [A7|B7|C7|E7](24613)

RCC=X=3 Z=1 mit $[B3] \neq 1$.

Damit ist die Schlüsselstelle überwunden.

Übungsrätsel 51 ALS-XZ Paar mit Überschneidung M248, R272

Die Schlüsselstelle von Übungsrätsel 51 (Abb. 49) ist bis auf einen *xyz-Flügel* in F9, D9 und F2 mit $[F8] \neq 8$ mit leichten Mitteln zu erreichen.

	1	2	3	4	5	6	7	8	9
A	2 6 / 7 8	1 2 / 7	1 4 5 / 7	**3**	1 / 8 9	5 / 8 9	1 2 4 6	1 2 5 / 7	5 6 / 8
B	2 / 8	1 2 / 9	1 5 / 9	**6**	**7**	**4**	1 2	**3**	5 / 8
C	6 / 7 8	1 3 / 7	1 4 5 3 / 7	**2**	1 / 8	5 / 8	1 4 6	1 5 / 7	**9**
D	**1**	3 / 7	**2**	5 / 7	**6**	8 9	3 / 9	5 / 8	**4**
E	**9**	**8**	3 / 7	5 / 7	**4**	**1**	2 3 6	2 5	5 6
F	**5**	**4**	**6**	8 9	**3**	**2**	1 / 9	1 / 8	**7**
G	2 / 7	**6**	1 / 7	**4**	**5**	**3**	**8**	**9**	1 2
H	**4**	1 2 / 9	**8**	1 / 9	2 / 9	**7**	**5**	**6**	**3**
I	**3**	**5**	1 / 9	1 / 8 9	2 / 8 9	**6**	**7**	**4**	1 2

Abbildung 48: Zwischenstand von Übungsrätsel 50.

	1	2	3	4	5	6	7	8	9
A	**7**	2 5 8	2 5 8	5 8	**1**	**3**	**4**	**9**	**6**
B	4 9	4 5	**1**	**2**	5 6 9	5 6 9	**8**	**3**	**7**
C	8 9	**6**	**3**	**7**	8 9	**4**	2 5	1 2 5	1 2
D	**1**	**7**	4 6 8	5 6 8	3 5 6 8	**2**	**9**	4 6 8	3 8
E	**3**	**9**	2 6 8	**1**	**4**	6 8	**7**	2 6 8	**5**
F	**5**	2 8	2 4 6 8	**9**	3 6 7 8	6 7 8	**1**	2 4 6	2 3 8
G	**2**	1 3 5 8	5 8	**4**	5 6 7 8	5 6 7 8	3 5 6	1 5 8	**9**
H	4 6 8	1 4 5 8	**7**	**3**	5 6 8 9	5 6 8 9	2 5 6	1 2 5 8	1 2 8
I	6 8	3 5 8	**9**	5 6 8	**2**	**1**	3 5 6	**7**	**4**

Abbildung 49: Zwischenstand von Übungsrätsel 51.

Mit dem folgenden sich überschneidenden *ALS-XZ Paar*

[G3|I1|I2](5863) und [G2|G3|G5|G6|G8](135867)

RCC=X=3 Z=6 mit [I4]$\neq$ 6

ist das Rätsel wieder mit wesentlich leichteren Methoden, wie zwei *Wolkenkratzern* jeweils einer in der 5 und in der 8, *nackten Paaren* und *xy-Flügeln* zu lösen.

Übungsrätsel 52 verschiedene ALS M239, R273

Nach den *Einsern*, den *Block-Reihen Ausschlüssen*, einem *W-Flügel* und zwei *xy-Ketten*, erreicht man den in Abb. 50 gezeigten Spielstand. Das einfachste *ALS-XZ Paar* besteht aus:

[E2](47) und [A9|C9|E9|F9](48917)

RCC=X=7 Z=4 [A2]$\neq$ 4.

Damit ist das Rätsel praktisch gelöst.

Für Übungszwecke kann man die 4 in A2 stehen lassen und nach anderen, schwierigeren Ausschlussmöglichkeiten suchen.

Die interessantesten sind hier aufgezeigt:

- Ein *ALS XZ Paar*, wobei ein *ALS* in einem Block als Einheit steht: [A2|A3|B3|C2](46712), [A7|A8|A9|C8|C9](283749)

  RCC=X=4 Z=2 mit [A1]$\neq$ 2.

- Ein *ALS XZ Paar mit Feldüberschneidungen*:

  [A3|B3|C2](1276), [C1|C2|C6|C8|C9](239678)

  RCC=X=2 Z=6 mit [A2]$\neq$ 6 und [C4]$\neq$ 6.

- Ein *ALS YZ Flügel*:

  [B4|C4|I4](2968) − 6 − [C2](67) − 7 − [C6|C8](378) [A4]$\neq$ 8.

  Da das mittlere ALS aus einem zweiwertigen Feld besteht, bilden die drei ALS gleichzeitig eine *Todesblüte*, mit C2 als Zentralfeld.

- Ein weiterer *ALS YZ Flügel*:

  [B7|E7|H7](2578) − 8 − [D3](78) − 7 − [B3|B5](127) [B4]≠ 2.

  Da das mittlere ALS aus einem zweiwertigen Feld besteht, bilden die drei ALS gleichzeitig eine *Todesblüte*, mit D3 als Zentralfeld.

  Bei genauerem Hinsehen erkennt man, dass die 2 zwischen den beiden ALS *eingeschränkt gemeinsamer Kandidat* ist. Es liegt also nicht nur ein *ALS-YZ Flügel* vor, sondern auch ein *ALS-Ring*, womit sich weitere Ausschlüsse ergeben: Die *eingeschränkt gemeinsamen Kandidaten* [A3]≠ 7, [F3]≠ 7 und [B4]≠ 2 können ausgeschlossen werden. Ebenso [B6]≠ 1, da die 1 an das ALS [B3|B5] gebunden ist.

- Ein *ALS-YZ Flügel mit Feldüberschneidung*:

  [B4|C4|I4](2968) − 6 − [C2](67) − 7 − [B3|B4|B5](1279)[A4] ≠ 9.

  Das Gebilde ist ebenso eine *Todesblüte*.

- Eine *ALS-Kette* mit vier ALS:

  [A7](28) − 8 − [A9|C9](489) − 4 − [A2|C2](467) − 7−
  [B3|B5](127), [B7] ≠ 2.

- Eine weitere *ALS Kette* mit vier ALS:

  [B3|B4|B5](1279) − 2 − [B7](25) − 5 − [A9|A9|C9|F9](48951) − 1−
  [D3|F1|F3](7816)[A3] ≠ 7.

  Da die 7 *eingeschränkt gemeinsamer Kandidat* ist, liegt ein *ALS-Ring* vor, womit sich die folgenden weiteren Ausschlüsse ergeben: [B6]≠1, [A4]≠9, [B1]≠9, [B9]≠9, [C4]≠9 und [E9]≠8.

- Eine *Todesblüte* mit drei ALS: [A2] (Zentralfeld) mit den drei ALS [A9|C9|F9](4891), [A3|B3|C2](1276) und [E1|E2](147) mit [F3]≠ 1.

	1	2	3	4	5	6	7	8	9
A	1 2 3 4 9	4 6 7	1 2 7	2 6 8 9	5	1 3 7 8	2 8	3 7	4 8 9
B	3 4 9	8	1 2 7	2 9	1 2	1 3 7	2 5	6	4 5 9
C	2 3 9	6 7	5	2 6 8 9	4	3 7 8	1	3 7	8 9
D	5	9	7 8	1	3	2	7 8	4	6
E	1 4	4 7	3	5	7 8	6	9	2	1 7 8
F	1 6	2	1 7 8 6	4	7 8	9	3	5	1 8
G	8	3	9	7	6	5	4	1	2
H	2 6	1	2 6	3	9	4	5 7	8	5 7
I	7	5	4	2 8	1 2	1 8	6	9	3

Abbildung 50: Zwischenstand von Übungsrätsel 52.

Übungsrätsel 53 verschiedene ALS M129, R274

Nach einem *versteckten Paar* in Zeile B erreicht man den in Abb. 51 gezeigten Zwischenstand.

Es gibt an dieser Stelle wieder mehrere Möglichkeiten, der Lösung näher zu kommen. Beschränkt man sich bei der Auswahl auf *ALS*, bilden die folgenden drei *ALS XZ Paare* einen Lösungsansatz:

- Ein *ALS-XZ Paar* mit

  [C6|C7|C8](2495) und [B4|F4|G4](2635) RCC=X=2 Z=5: [G8]≠ 5.

- Danach ein *doppelt gebundenes ALS-XZ Paar*:

  [C6|C7|C8](2495) und [I1|I6|I7|I8](49285)

  mit [C9]≠ 4 und [C9]≠ 9.

- Der letzte schwierige Schritt besteht ebenfalls aus einem *ALS-XZ Paar*:

  [C8|F8|G8](4591) und [H1|H5|H7|H9](34915) RCC=X=1 Z=5

  mit 5[C9]≠ 5 und 5[I8]≠ 5

Damit ist die Schlüsselstelle überwunden. Der restliche Lösungsweg besteht nur aus *Einsern*. Für Übungszwecke kann man in Abb. 51 nach weiteren, komplizierteren, auf ALS beruhenden Ausschlussmöglichkeiten suchen. Wie beim vorhergehenden Übungsrätsel sind wieder einige interessante zusammengestellt, die es in Abb. 51 zu finden gilt.

- Einige zweiwertige Felder bilden das Zentralfeld einer *Todesblüte* und sind identisch mit einem *ALS -YZ Flügel*:

  [C6|C7|C8](2495) − 2 − [B4](26) − 6 − [F4|G4](365)

	1	2	3	4	5	6	7	8	9
A	2	8 9	4 / 8 9	1	5	4 / 9	6	3	7
B	5	7	4 / 9	2 / 6	4 6 / 9	3	1 / 8	1 / 8	2 4 / 9
C	1	3	6	8	7	2 4 / 9	4 / 9	4 5 / 9	2 4 5 / 9
D	6	4	3	9	2	1	5	7	8
E	7	2 / 9	2 / 9	4	8	5	3	6	1
F	8	1	5	3 6	3 6	7	2	4 / 9	4 / 9
G	4 3 / 9	2 5	1 2	3 5	4 3 / 9	8	7	1 4 5 / 9	6
H	4 3 / 9	5 8	1 / 8	7	4 3 / 9	6	1 4 / 9	2	4 5 / 9
I	4 / 9	6	7	2 5	1	2 4 / 9	4 / 8 9	4 5 / 8 9	3

Abbildung 51: Zwischenstand von Übungsrätsel 53.

$$[G8] \neq 5$$

$$[I1|I4|I6|I7](49258) - 8 - [B7](18) - 1 - [H1|H5|H7|H9](34915) :$$

$$[I8] \neq 5$$

- Ein gewöhnlicher *ALS YZ Flügel*:

$$[C6|C7](249) - 2 - [I1|I6|I7|I8](49285) - 5-$$
$$[C7|C8](495) : [C9] \neq 4, [C9] \neq 9$$

- Ein *ALS YZ Flügel* mit Überschneidung:

$$[C6|C7|C8](2495) - 2 - [I1|I6|I7|I8](49285) - 5-$$
$$[B7|28|C7|C8](18495) : [C9] \neq 4, [C9] \neq 9$$

- Eine *ALS-Kette*:

$$[F9|H9](495) - 5 - [H2](58) - 8 - [A2](89) - 9 - [B3](49) :$$
$$[B9] \neq 4$$

- Ein *ALS-Ring*:

$$[F4|G4|I4](3652) - 6 - [B4](26) - 2 - [C6|C7|C8](2495) - 5-$$
$$[I1|I6|I7|I8](49285) - 2- : [C9] \neq 4, [C9] \neq 9, [78] \neq 5$$

- Mit [B9] als dreiwertigem Zentralfeld ergeben sich mehrere Möglichkeiten durch drei weitere ALS eine *Todesblüte* zu bilden, die alle zum selben Ausschluss [G8]≠5 führen.:

1. [B9](249) : [B4|F4|G4](2635), [C7|C8](495), [C7|C8](495)

2. [B9](249) : [B4|F4|G4](2635), [C7|C8](495), [F9|H9](495)

Dabei ist das erste Beispiel am Aufschlussreichsten. Ein *ALS* ([C7|C8](495)) dient zweimal, mit zwei unterschiedlichen *eingeschränkt gemeinsamen Kandidaten* 4 und 9.

Übungsrätsel 54 Schwertfisch mit Flosse

M289, R334

▷ Nach den *Einsern* folgt ein *nackter Dreier* in Spalte 1 mit [G1]≠4, [H1]≠3, [I1]≠3, [I1]≠4 und [I1]≠9 und ein *nackter Einser* mit 6[H1]=6. Der Zwischenstand von Übungsrätsel 54 ist in Abb. 52 gezeigt.

▶ Hier gilt es nun anhand der in Abb. 53 gezeigten Belegungsgraphen für die 3 und die 4 *Schwertfische* mit Flossen zu finden. Die Belegungsgraphen für die 1, die 2, die 7 und die 8 zeigen jeweils nur 4 Kandidaten in der Stellung eines gelösten *X-Flügels*. Die Belegungsgraphen für die 5, die 6 und die 9 mit jeweils 6 Kandidaten zeigen das verbleibende Gerüst einer gelösten *Farbzuweisung* oder des eines gelösten *Schwertfischs* und brauchen für die Fischsuche erst gar nicht näher betrachtet zu werden. Mit Hilfe einer Zeilen- und/oder Spaltennummern-Tabelle können die folgenden Fische mit Flossen ausfindig gemacht werden. Der *einfache Schwertfisch* in der 3 und der komplementäre Fisch, sein Gegenstück, mit der gleichen Flosse und demselben Ausschluss lauten:

$$r3r5r8 \ \backslash \ c1c2c4 \ Fr8c3 : \ r9c2 \neq 3$$

$$c3c5c6 \ \backslash \ r2r4r9 \ Fr8c3 : \ r9c2 \neq 3$$

Die Belegung der 3er unterscheidet sich von der Belegung der 4er nur durch Austausch von Zeile G (=r7) mit Zeile H (=r8). Der *einfache Schwertfisch* in der 4 und sein Gegenstück lauten:

$$r3r5r7 \ \backslash \ c1c2c4 \ Fr7c3 : \ r9c2 \neq 4$$

$$c3c5c6 \ \backslash \ r2r4r9 \ Fr7c3 : \ r9c2 \neq 4$$

▷ Für die Lösung des Rätsels sind von da ab nur noch *Einser* von Nöten.

102

	1	2	3	4	5	6	7	8	9
A	1 7	6	1 7	5	8	9	4	2	3
B	4 3 9	2	4 5 3 9	7	4 3 6	4 3	1	5 6	8
C	4 3	4 5 3	8	4 3 6	2	1	7	5 6	9
D	5	7	4 3	1	4 3	8	2	9	6
E	4 3 9	4 3 9	2	4 3	7	6	5	8	1
F	8	1	6	9	5	2	3	7	4
G	1 2	4 8	1 4	4 2 8	9	5	6	3	7
H	6	5 8 3	5 3	3 8	1	7	9	4	2
I	2 7	4 3 9	4 7 3 9	2 3 4 6	4 3 6	4 3	8	1	5

Abbildung 52: Zwischenstand von Übungsrätsel 54.

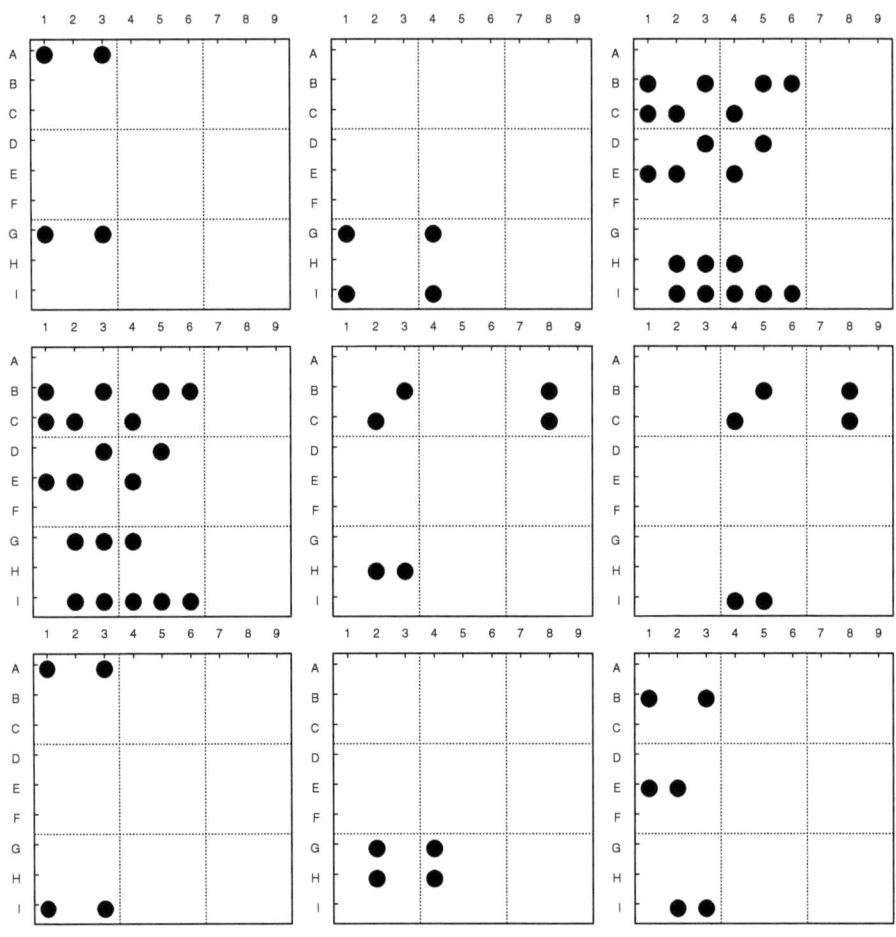

Abbildung 53: Belegungsgraphen für die 1, 2, 3 (oben) 4, 5, 6 (mitte) und die 7, 8 und die 9 (unten) von Abb. 52.

▶ Neben den beiden *einfachen Schwertfischen* lassen sich aus den Belegungsgraphen auch kompliziertere Fische mit mehreren Flossen für denselben Ausschluss ableiten. Hier der Frankenfisch:

$$3 \text{ r3r5b8} \setminus \text{c1c2c4, Fr9c5 Fr9c6} : \text{r9c2} \neq 3$$

$$4 \text{ r3r5b8} \setminus \text{c1c2c4, Fr9c5 Fr9c6} : \text{r9c2} \neq 4$$

Das Set der Basissektoren r3r5b8 überschneidet sich nicht. Ein weiterer Mutant-Schwertfisch lautet:

$$3 \text{ r3r5b8} \setminus \text{r9c1c4, Fr3c2 Fr5c2} : \text{r9c2} \neq 3$$

Zu lesen: Alle 3er von Zeile 3, 5 und Block VIII befinden sich (bis auf die Flossen in r3c2 und r5c2) nur in Zeile 9, Spalte 1 und 4, womit alle weiteren 3er in Zeile 9, Spalte 1 und Spalte 4, welche im Wirkungsbereich beider Flossen stehen, ausgeschlossen werden können. Bei diesem Mutant-Schwertfisch, wie bei den folgenden auch, gibt es keine Überschneidung der Basissektoren r3r5b8, und somit keine inneren Flossen. Die 3[I4] (3r9c4) liegt im Überlappungsbereich der Deckungssets r9c1c4. Bei einem flossenlosen Schwertfisch könnte 3[I4] ausgeschlossen werden, selbst wenn [I4] Teil eines Basissektors wäre. Hier steht 4r9c4 im Wirkungsbereich keiner der beiden Flossen Fr3c2 und Fr5c2 und die 3 in I4 bleibt erhalten. Von allen Ausschlüssen des flossenlosen Mutant-Schwertfischs steht nur r9c2 im Wirkungsbereich beider Flossen und kann ausgeschlossen werden. Auch wenn für die Lösung des Rätsels nicht erforderlich, sind hier noch einige kompliziertere Fische aufgelistet:

Franken Schwertfisch
3 r3r5b8 \ c1c2c4, Fr9c5 Fr9c6: r9c2≠3

Mutant Schwertfisch
3 r3r5r8 \ r9c1c4, Fr3c2 Fr5c2 Fr8c2 Fr8c3: r9c2≠3

Mutant Schwertfisch
3 c3c5c6 \ r2r4c2, Fr9c3 Fr9c5 Fr9c6 Fr8c3: r9c2≠3

Mutant Schwertfisch
4 r3r5b8 \ r9c1c4, Fr3c2 Fr5c2: r9c2≠4

Franken Schwertfisch
4 r3r5b8 \ c1c2c4, Fr9c5 Fr9c6: r9c2≠4

Mutant Schwertfisch
4 r3r5r7 \ r9c1c4, Fr3c2 Fr5c2 Fr7c2 Fr7c3: r9c2≠4

Mutant Schwertfisch
4 c3c5c6 \ r2r4c2, Fr9c3 Fr9c5 Fr9c6 Fr7c3: r9c2≠4

Übungsrätsel 55 Qualle mit Flosse M289, R335

▷ Nach *Einsern, verweisenden Paaren*, einem *nackten Dreier* in Zeile B und nach einigen Ausschlüssen mittels *Medusa Farbzuweisung* ([C1]≠3, [H6]≠1, [H6]≠3) folgt der in Abb. 54 gezeigte Zwischenstand.

▶ Die Übersicht der Belegungsgraphen in Abb. 55 zeigt für viele Kandidaten vereinzelte *starke Paare*. Die Belegung der 3er sieht am vielversprechendsten aus. Trägt man, wie in Tabelle 1 gezeigt, für die 3er die Spaltennummern pro Zeile auf, ergeben sich zwei mögliche ALS in den Spaltennummern (fünf Kandidaten Spaltennummern über vier Zeilen verteilt), wobei eine Spaltennummer nur in einer Bahn auftritt und das Feld einer Flosse kennzeichnet (eines Feldes, das Teil der Basiseinheiten bestehend aus Zeilen ist, aber von keiner Deckungseinheit abgedeckt wird.). Letztendlich kann man aus Tabelle 1 zwei Quallen mit Flossen lesen:

r1r4r5r8 \ c1c3c4c6 Fr8c5: r9c4≠3

	1	2	3	4	5	6	7	8	9
A	1 3 9	2	4 3 9	8	5	1 3 4	7	4 9	6
B	5	3 8 9	4 6	4 7	3 9	4 6 7	2	1	3 8
C	1 6 9	7	3 6 8 9	2	1 3 9	1 3 4 6	3 8	4 9	5
D	3 7	1	3 7 8	3 6	4	5	9	6 8	2
E	3 9	6	2	1 3 9	8	1 3	5	7	4
F	4	8 9	5	6 9	7	2	1 3	6 8	1 3
G	8	4	6 7	5	2	9	1 6	3	1 7
H	3 6 9 7	5	3 6 9 7	1 3 4 6 7	1 3 4 7	4 7	6 8	2	7 8 9
I	2	3 9	1	3 7	6	8	4	5	7 9

Abbildung 54: Zwischenstand von Übungsrätsel 55.

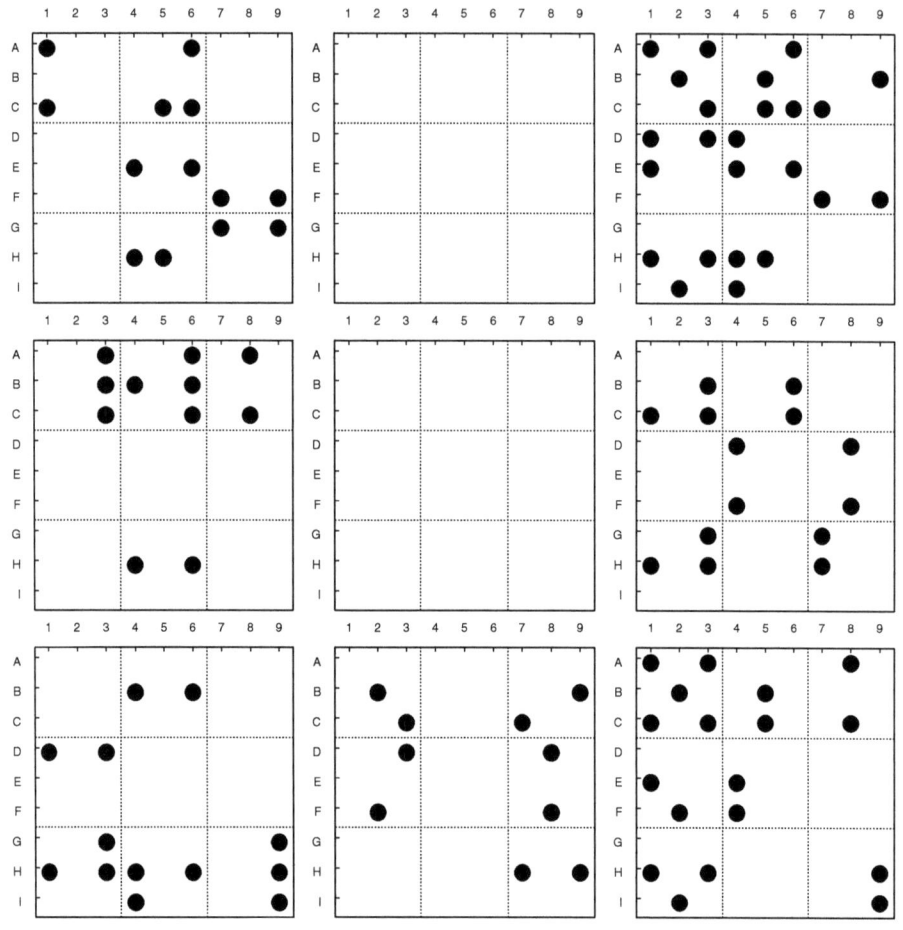

Abbildung 55: Belegungsgraphen für die 1, 2, 3 (oben) 4, 5, 6 (mitte) und die 7, 8 und die 9 (unten) von Abb. 54. Nur die Verteilung der 3er Kandidaten führen zu einem *Fisch*.

Zeilen- nummer	Spalten- nummer für die 3er	Spalten -nummer für die 3er
1	**136**	**136**
2	259	259
3	3569	3569
4	**134**	**134**
5	**146**	**146**
6	79	79
7	-	-
8	**1345**	1345
9	24	**24**

Tabelle 1: Fischsuche: Ausgehend von der Verteilung der 3er aus Abb. 55 schreibt man für jede Zeile die Spaltennummern auf, in denen die 3 als Kandidat vorkommt (siehe zweite Tabellenspalte). Die Spaltennummern der 3er bilden ein ALS in 13456 (fünf Spalten verteilt über vier Zeilen). Davon ist Spaltennummer 5 auf die untere Bahn beschränkt (die 5 kommt nur innerhalb Zeilen 7, 8 und 9 vor). Somit bilden also die Zeilen 1458 das Basisset einer Qualle, mit **Fr8c5** als Flosse und Spalten 1346 das Deckungsset. In der dritten Spalte dieser Tabelle (sie zeigt dieselben Spaltennummern wie die zweite Spalte) ist eine weiteres ALS hervorgehoben: Ein ALS in 12346 (fünf Spalten verteilt über vier Zeilen). Davon ist die 2 auf die untere Bahn beschränkt (Zeilen 7, 8, 9). Die vier Zeilen 1459 bilden also das Basisset einer Qualle, mit **Fr9c4** als Flosse und mit Spalten 1346 als Deckungsset.

Zu lesen: Alle 3er von Zeile A, D, E und H belegen bis auf die Flosse in H5 nur die vier Deckungseinheiten von Spalte 1, 3, 4 und 6. Alle weiteren 3er der Deckungsset, die im Wirkungsbereich der Flosse H5 stehen, können ausgeschlossen werden. Ohne Flosse würde das die 3er in C3, I4 und C6 betreffen. Davon steht nur die 3 in I4 (r9c4) im Wirkungsbereich der Flosse in H5.

Die zweite *Qualle* mit Flossen lautet:

r1r4r5r9 \ c1c3c4c6 Fr9c2: r8c1≠3, r8c3≠3

Alle 3er von Zeile A, D, E und I belegen bis auf die Flosse in H2 nur die vier Deckungseinheiten von Spalte 1, 3, 4 und 6. Alle weiteren 3er der Deckungssets, die im Wirkungsbereich der Flosse H2 stehen, können ausgeschlossen werden. Ohne Flosse würde das die 3er in C3, C6, H1, H3 und H4 betreffen. Davon stehen nur die 3 in H1 (r8c1) und in H3 (r8c3) im Wirkungsbereich der Flosse.

Die umgekehrte Version von Tabelle 1 mit Zeilennummern pro Spalte für die 3er als auch die Belegungsgraphen der anderen Kandidaten von Abb. 55 weisen keinen *Fisch* auf. Mit den ausgeschlossenen 3ern ist der Rest des Rätsels mit *Einsern* zu lösen.

Die Verteilung der 3er in Abb. 55 rechts oben zeigt neben der *Qualle* mit Flossen einige Franken- und Mutant-Schwertfische, mit denselben Ausschlüssen der *Qualle*. Einer dieser lautet:

Franken Schwertfisch
r1r9b5 \ c4c6b1 Fr9c2 r2c2≠3

Ebenso gibt es einige kompliziertere *Schwertfische* mit denen man denselben Ausschluss erzielen kann:

Mutant Schwertfisch
r1c5b7 \ r2r8b2 Fr9c2 Fr1c1 Fr1c3 r2c2≠3

Übungsrätsel 56 UR+1 M342, R363

Den Zwischenstand von Übungsrätsel 56, wie in Abb. 56 gezeigt, erreicht man mit einfachen Mitteln wie mit *Einsern* und mit *Block-Reihen Wechselwirkungen*: Das *UR+1* wird durch die beiden Felder B7 und H9 aufgespannt:(57)[BH79]. Die 5 und die 7 können in B9 ausgeschlossen werden.

Übungsrätsel 57 UR+2 M344, R370

Die Schlüsselstelle von Übungsrätsel 57 (Abb. 57) ist mit leichten Mitteln zu erreichen. Das *UR+2* lautet (59)[DI56]. Die 2 ist an I56 gebunden und kann deshalb in den drei Feldern I7, G4 und G6 ausgeschlossen werden.

Übungsrätsel 58 UR+2X M346, R371

Nach *Einsern* folgt der Zwischenstand in Abb. 58. Das *UR+2X* befindet sich in (68)[HI28]. Die beiden zusätzlichen Kandidaten (13)[H2] und (3)[H8] bilden ein gedachtes zweiwertiges Feld in der gemeinsamen Einheit (hier Zeile H) mit den Kandidaten 1 und 3. Dieses gedachte Feld (13)[H] bildet mit den beiden Brückenfeldern (23)[H1] und (12)[H3] einen *nackten Dreier* in Zeile H, mit welchem alle übrigen 1er, 2er und 3er in Zeile H ausgeschlossen werden können. Dies trifft in diesem Beispiel auf die 1 in H4 zu.

Übungsrätsel 59 UR+2X M346, R372

▶ In der Spielstellung des Zwischenstandes von Abb. 59 bilden die folgenden Felder ein *UR+2X*: (15)[BI46]. Ein gedachtes zweiwertiges Feld mit der Belegung 3 und 9 bildet mit dem Brückenfeld (39)[I2] ein

	1	2	3	4	5	6	7	8	9
A	5 9	1	2	7 5 6	7 5 9	7 5 6 9	3	4	8
B	5 8 9	4	6	2 5 8	2 5 8 9	3	7 5	1	2 5 7
C	3	5 8	7	1	2 5 8	4	6	9	2 5
D	1	2	5 8	9	4 5 7	5 7	4 8	6	3
E	6	7	3	4 2	1	8	4 2	5	9
F	5 8	9	4	2 3 5 6	2 3 5	5 6	2 8	7	1
G	7	5 8	1	5 8	6	2	9	3	4
H	2	6	9	4 3	4 3	1	7 5	8	7 5
I	4	3	5 8	5 7 8	5 7 8 9	7 5 9	1	2	6

Abbildung 56: Zwischenstand von Übungsrätsel 56 *UR+1.*

	1	2	3	4	5	6	7	8	9
A	6	(7 8)	1	5	(2 / 8 9)	(2 / 7 8 9)	4	3	(2 / 9)
B	3	4	(2 / 8)	(2 / 8 9)	6	1	(2 / 9)	7	5
C	9	5	(2 / 7)	(2 3)	4	(2 3 / 7)	8	1	6
D	7	2	6	1	(5 / 9)	(5 / 9)	3	8	4
E	5	1	4	(2 3 / 8)	(2 / 8)	(2 3 / 8)	6	9	7
F	8	3	9	6	7	4	5	2	1
G	4	6	3	(2 / 8 9)	1	(2 / 8 9)	7	5	(2 / 9)
H	2	9	5	7	3	6	1	4	8
I	1	(7 8)	(7 8)	4	(2 5 / 9)	(2 5 / 9)	(2 / 9)	6	3

Abbildung 57: Zwischenstand von Übungsrätsel 57 UR+2.

	1	2	3	4	5	6	7	8	9
A	1	9	3	8	5	2	6	4	7
B	8	5	7	4 9	6 9	4 6	3	2	1
C	4	2	6	7	3	1	9	5	8
D	6	1 3	8	1 5 9	1 9	5 3	2	7	4
E	5	4	9	6	2	7	8	1	3
F	2 3	7	1 2	1 4	8	4 3	5	9	6
G	9	1 3 6	4	2	1 6	8	7	3 6	5
H	2 3	1 3 6 8	1 2	1 5	7	5 6	4	3 6 8	9
I	7	6 8	5	3	4	9	1	6 8	2

Abbildung 58: Zwischenstand von Übungsrätsel 58 *UR+2X*.

nacktes Paar in Zeile I, womit die 3 und die 9 in I8 ausgeschlossen werden können. Mit dem anschließenden *nackten Einser* 1[I8] folgt: [I4]≠1, [I6]≠1 und [G8]≠1.

▶ Unabhängig vom $UR+2X$ (15)[BI46] gibt es in Abb. 59 ein zweites $UR+2X$ in (24)[CD46]. (79)[C6] und (67)[D6] bilden ein gedachtes dreiwertiges Feld in der gemeinsamen Einheit von Spalte 6. Dieses Feld ergänzt sich mit den Brückenfeldern (67)[F6] und (69)[H6] zu einem *nackten Dreier*, mit dem alle 6er, 7er und 9er in den verbleibenden Feldern von Spalte 6 ausgeschlossen werden können. Verbleibende Felder sind alle Felder in Spalte 6 ohne die des nackten Dreiers und ohne die beiden UR Felder. Somit: [G6]≠6, [G6]≠9 und [I6]≠9.

▷ Wie bei den meisten anderen noch folgenden UR Übungrätseln bildet nach Anwendung der *UR* ein *xy-Flügel* die letzte Hürde, um die Übungsrätsel zu lösen. Hier bei Übungsrätsel 59, bieten sich ein *xy-Flügel* [C9][G9][A8] mit [G8]≠3 und/oder ein *xy-Flügel* [F8][A8][D7] mit [A7]≠3 an.

Übungsrätsel 60 UR+2kx M354, R373

Nach achtundzwanzig *Einsern* und einem *Block-Reihen Ausschluss* ([H3]≠2) erreicht man die in Abb. 60 gezeigte Spielstellung. Neben einem $UR+1$ (58)[AC69] welches das Rätsel löst, sei hier auf das $UR+2kx$ in (29)[AH12] mit y=7 im Brückenfeld H3 verwiesen. Damit kann man in H1 die 2 ausschließen.

Übungsrätsel 61 UR+2kd M356, R374

▷ Nach dreiunddreißig *Einsern* und einem *Block-Reihen Ausschluss* erreicht man die in Abb. 61 gezeigte Spielstellung.

▶ Ein erstes $UR+2kd$ erstreckt sich über (18)[AB18] mit y=6 im

	1	2	3	4	5	6	7	8	9
A	2	4	5	6	7 9	8	3 9 7	3 7	1
B	7	6	9	1 5	3	1 5	8	2	4
C	3	1	8	2 4 7 9	2 7 9	2 4 7 9	6 9	5	7 6
D	9	5	1	2 4 7	2 6 7	2 4 6 7	3 6	8	3 6 7
E	8	7	6	9	1	3	5	4	2
F	4	2	3	8	5	7 6	1	7 6	9
G	5	8	4	1 3	2 6 9	1 2 6 9	7	1 3 6 9	3 6
H	1	3 9	2	7	8	6 9	4	3 6 9	5
I	6	3 9	7	1 5 3	4	1 5 9	2	1 3 9	8

Abbildung 59: Zwischenstand von Übungsrätsel 59 *UR+2X*.

	1	2	3	4	5	6	7	8	9
A	2 9	2 9	1	3	6 8	5 6 8	4	7	5 8
B	5	8	4	7	1	9	2	6	3
C	7	6	3	4	2	5 8	9	1	5 8
D	8	5	2 7	1 2	4	1 7	6	3	9
E	3	7 9	6	8 9	5	7 8	1	2	4
F	4	1	2 9	2 6 9	6 9	3	5	8	7
G	6 9	3	5	1 6 9	7	1 6	8	4	2
H	2 6 9	2 7 9	7 9	6 8 9	6 8 9	4	3	5	1
I	1	4	8	5	3	2	7	9	6

Abbildung 60: Zwischenstand von Übungsrätsel 60 *UR+2kx.*

Brückenfeld B9, welches im Block des abX-Feldes A8 steht. In A8 kann die 1 und die 8 ausgeschlossen werden.

▶ Ein zweites *UR+2kd* wird mittels (16)[BC19] aufgespannt. Mit y=4 im Brückenfeld B5 kann in B1 die 6 ausgeschlossen werden.

▷ Damit folgen zwei *Einser*: [C1]=6 und [B9]=6.

▷ Eine letzte Hürde bilden die Ausschlüsse mit Hilfe der *einfachen Farbzuweisung* in den 1ern und 4ern.

Übungsrätsel 62 UR+2X/1SL M358, R375

Nach einigen *Einsern* und *Block-Reihen Ausschlüssen* erreicht man die in Abb. 62 gezeigte Spielstellung, in der man mit einem *UR+2X/1SL* in (16)[FG45] und der starken Bindung 1[F4]=1[G4] die 6 in F4 und in G4 ausschließen kann.

Übungsrätsel 63 UR 6 M368, R376

Nach *Einsern* folgt die Spielstellung von Abb. 63, bei der man mit einem *UR 6* in (69)[GI15] (die 9 bildet den gelösten *X-Flügel* mit vier starken Paaren) die 9 in G1 und in I5 als Lösung eintragen kann. Anschließend kann man die 9 in G5 und in I1 ausschließen. Ein *xy-Flügel* löst das Beispiel schließlich.

Übungsrätsel 64 UR+2B/1SL M360, R377

▷ Nach *Einsern, Block-Reihen Wechselwirkungen* und einem *nackten Paar* in Zeile E erreicht man die in Abb. 64 gezeigte Spielstellung.

▶ Das versteckte Eindeutigkeitsrechteck vom Typ 2 befindet sich in (23)[EF68]. Mit dem starken Paar im UR Kandidaten 3 mit 3[E6]=3[F6] zwischen einem zweiwertigen UR Feld und einem UR

	1	2	3	4	5	6	7	8	9
A	1 8	9	3	6	1 4	5	7	1 2 4 8	1 2 4
B	1 6 8	7	4	2	3	9	5	1 8	1 6
C	1 6	5	2	8	7	1 4	9	3	1 4 6
D	3	1 4	8	7	5	6	2 4	9	1 2 4
E	2	1 4	9	3	1 4	8	6	7	5
F	7	6	5	1 4	9	2	8	1 4	3
G	5	3	1 6	1 4	8	7	2 4	2 4 6	9
H	4	2	7	9	6	3	1	5	8
I	9	8	1 6	5	2	1 4	3	4 6	7

Abbildung 61: Zwischenstand von Übungsrätsel 61 *UR+2kd.*

	1	2	3	4	5	6	7	8	9
A	4 6 7	2 7	**1**	2 6 8 9	**3**	2 6 8 9	4 5 7 8	4 5	4 6 7 8
B	4 6	**9**	**3**	**5**	**7**	6 8	4 8	**2**	**1**
C	**8**	**5**	2 7	2 6	**4**	**1**	**3**	**9**	6 7
D	**3**	**6**	**5**	7 9	**2**	**4**	**1**	**8**	7 9
E	**1**	**4**	**9**	**3**	**8**	5 7	5 7	**6**	**2**
F	2 7	2 7 8	2 7 8	1 6 9	1 6	5 6 9	4 5 9	3 4 5	3 4 9
G	**5**	2 7 8	2 4 7 8	1 2 6 7 8	1 6	2 6 7 8	2 4 8 9	3 4	3 4 8 9
H	2 7	**3**	**6**	**4**	**9**	2 7 8	2 8	**1**	**5**
I	**9**	**1**	2 4 8	2 8	**5**	**3**	**6**	**7**	4 8

Abbildung 62: Zwischenstand von Übungsrätsel 62 *UR+2X/1SL*.

	1	2	3	4	5	6	7	8	9
A	4	6	3	2	8	1	5	7	9
B	1	2	7	6	5	9	4	3	8
C	5	8	9	4	3	7	6	1	2
D	8	3	5	7 9	2	6	1	4 9	4 7
E	7	9	1	5	4	8	3	2	6
F	2	4	6	7 9	1	3	8	5 9	7 5
G	1 6 9 7		8	3	7 6 9	5	2	4 6	1 4
H	3 6	5 7	4	1	7 6	2	9	8	5 3
I	3 6 9	1 5	2	8	6 9	4	7	5 6	1 5 3

Abbildung 63: Zwischenstand von Übungsrätsel 63 *UR 6*.

Feld mit zusätzlichen Kandidaten folgt die Zuweisung a=3 und die des abY Feldes zu abY = (23,9=Y)[F8], womit b=2 in F8 ausgeschlossen werden kann.

▶ Da es ein weiteres starkes Paar 2[E8]=2[F8] gibt, gilt auch die Zuweisung a=2 und abY = (23,6=Y)[F6], womit b=3 in F6 ausgeschlossen werden kann.

▷ Im weiteren Spielverlauf zeigt sich ein $UR+2X$ (26)[FH46], mit dem die folgenden drei Kandidaten ausgeschlossen werden können: [H1]≠4, [H8]≠3 und [H8]≠1.

	1	2	3	4	5	6	7	8	9
A	5	3 4	3 7	1 3	2	8	1 4 9	1 7 9	6
B	2 4	9	2 3 7	1 3	6	5	8	1 7	4 7
C	8	1	6	9	4	7	2	5	3
D	3	2	9	5	1	4	7	6	8
E	6	8	1	7	9	2 3	4 5	2 3	4 5
F	7	5	4	2 6	8	2 3 6	3 9	2 3 9	1
G	2 4 9	6	2 3	2 4	7	1 2	1 3 5	8	5 9
H	2 4 9	3 4	8	2 4 6	5	1 2 6	1 3	1 3 7	7 9
I	1	7	5	8	3	9	6	4	2

Abbildung 64: Zwischenstand von Übungsrätsel 64 *UR+2B/1SL.*

Übungsrätsel 65 UR+3x M380, R399

▷ Für den in Abb. 65 gezeigten Zwischenstand wurden neben *Einsern* und *Block-Reihen-Ausschlüssen* ein *nacktes Paar* in Zeile H und ein *UR+2B/1SL* (79)[AG56] mit [A6]≠ 9 benötigt.

▶ Mit dem folgenden Eindeutigkeitsrechteck *UR+3x* (27)[AD46] kann die 9 in E4 ausgeschlossen werden, denn die 9 in E4 sieht alle 9er in (27)[AD46], von denen mindestens eine wahr sein muss.

Übungsrätsel 66 UR+3X M382, R405

Im Zwischenstand dieses Übungsrätsels in Abb. 66 verbirgt sich neben einem als leicht zu erkennenden *xy-Flügel* [H7], [C7] und [G8] mit [C8]≠5), einem *W-Flügel*

$$(15)[I9] - 5[G8] = 5[C8] - (15)[C7]$$

mit [C9] ≠ 1 und [H7] ≠ 1, einem *S-Flügel*

$$(15)[C7] = 1[C9] - (15)[I9] - 5[G8] = 5[C8] - 5[C7]$$

mit [C7] ≠ 5 und [I9] ≠ 5 sowie einigen *L-Flügel* und *M-Flügel*, das eigentlich zu übende *UR+3X* in (47)[EF15] mit den zusätzlichen Kandidaten 2 und 6. Das Brückenfeld (26)[F3] sieht alle 2er und 6er in den UR Feldern. Die 6 in F2 sieht sowohl die zusätzlich belegten UR Felder als auch das Brückenfeld und kann deshalb ausgeschlossen werden.

Übungsrätsel 67 UR+3x/1SL mit ya

M384, R412

▷ Nach einem *versteckten Dreier* in Zeile G als größte Hürde erreicht man den in Abb. 67 gezeigten Zwischenstand. Bei diesem Spielstand

	1	2	3	4	5	6	7	8	9
A	1	4	8	2 7 9	7 9	2 7	6	5	3
B	6	7	3	8	1	5	9	2 4	2 4
C	5	2	9	4	6	3	7	8	1
D	3	6 9	5	2 7 9	4	2 7 9	8	1	6 7 9
E	7 8 9	6 8 9	4	7 9	3	1	2	6 7 9	5
F	7 9	1	2	5	8	6	4	3	7 9
G	2	5	1	6	7 9	7 8 9	3	4 9	4 8 9
H	4	8 9	7	3	5	8 9	1	2 6	2 6
I	8 9	3	6	1	2	4	5	7 9	7 8 9

Abbildung 65: Zwischenstand von Übungsrätsel 65 *UR+3x*.

	1	2	3	4	5	6	7	8	9
A	6	4	5	8	9	1	2	3	7
B	1	3	9	5	2	7	4	8	6
C	2 8	7	2 8	4	3	6	1 5	5 9	1 5 9
D	4 7 8	1 6 9	1 3 6 8	2	4 6 7	5	3 7	7 9	4 9
E	2 4 7	5 9	2 3	1	4 7	8	3 5 7	6	2 4 5 9
F	2 4 7	5 6	2 6	9	4 6 7	3	8	1	2 4 5
G	3	2	1 6	6 7	1 5	4	9	5 7	8
H	5	1 6	4	6 7	8	9	1 7	2	3
I	9	8	7	3	1 5	2	6	4	1 5

Abbildung 66: Zwischenstand von Übungsrätsel 66 UR+3X.

gibt es neben einem *xy-Flügel* in [B2], [B5] und [A1] mit [A5]$\neq$6 und [B1]$\neq$6 Eindeutigkeitsrechtecke.

▶ Das zu suchende *UR+3x/1SL* breitet sich über (47)[EG23] aus. Es gibt zwei starke Paare in nur einem UR Kandidaten (a=7): 7[E3]=7[G3] und 7[G2]=7[G3].

Im ersten Fall hat G3 für ein *UR+3X/1SL* einen Kandidaten zu viel.

Im zweiten Fall gilt (1=y)[E2], wobei (1=y,7=a)[F2] das Brückenfeld bildet.

Das Brückenfeld F2 sieht nicht das abX-Feld G3, womit alle Forderungen des *UR+3x/1SL* in der Variante mit ya erfüllt sind. b=4 kann im abX-Feld G3 ausgeschlossen werden. ˙

▶ Ein weiteres *UR+3x/1SL* liegt in (17)[EF25] vor. Das starke Paar: 7[E5]=7[F5] bestimmt die Lage des UR, womit a=7, b=1 und (4=y)[E2] festgelegt sind. Das Brückenfeld (4=y,7=a)[E3] sieht nicht das abX-Feld F5. Es handelt sich also um die Variante mit einem ya Feld. Die 1 kann im abX-Feld F5 ausgeschlossen werden.

Übungsrätsel 68 UR+3x/1SL mit yb

M384, R413

Nach einem *versteckten Paar* in Spalte 3 als größte Hürde erreicht man den in Abb. 68 gezeigten Zwischenstand. Das *UR+3x/1SL* erstreckt sich über (78)[AC15]. Das starke Paar 8[A1]=8[A5] legt die Lage des *UR+3x/1SL* fest: 78,X=5 in A5, 78,Z=3 in A1 und 78,y=6 in C1. Zum Ausschluss kommt es, wenn es in Zeile 1 ein Feld mit 7=b,y=6 gibt, wie z. B. das in E1. Damit kann man b=7 im ab Z=3 Feld in A1 ausschließen.

	1	2	3	4	5	6	7	8	9
A	4 6	2 4 5 8	4 8 9	2 4 8 9	2 5 6 8	**7**	1 4 6 9	**3**	1 4 6 9
B	3 4 6	4 5	3 4 9	4 9	5 6	**1**	**7**	**2**	**8**
C	**7**	2 4 8	**1**	2 3 4 8 9	2 3 6 8	3 6	4 6 9	**5**	4 6 9
D	**9**	**3**	**6**	1 8	**4**	**5**	1 2 8	**7**	1 2
E	**8**	1 4 7	4 7	1 3	1 3 7	**2**	5 6	**9**	5 6
F	**2**	1 7	**5**	**6**	1 7 8	**9**	1 3 4 8	1 4	1 3 4
G	3 4	4 7 8	3 4 7 8	**5**	1 2	3 4 8	1 2 9	**6**	1 2 9
H	**1**	**9**	**2**	**7**	3 6	3 4 6	3 4 5	**8**	3 4 5
I	**5**	**6**	3 4 8	1 2	**9**	3 4 8	1 2 3 4	1 4	**7**

Abbildung 67: Zwischenstand von Übungsrätsel 67 *UR+3x/1SL* mit **ya**.

	1	2	3	4	5	6	7	8	9
A	3 / 7 8	1 / 9	**4**	7 9	5 / 7 8	**6**	1 2 3 / 5	1 3	1 2 / 5
B	**2**	6 9	3 6 9	4 / 9	4 5	**1**	3 / 5 6	**8**	**7**
C	6 / 7 8	**5**	1 / 7	**2**	7 8	**3**	**9**	**4**	1 / 6
D	4 6	1 4 6	**8**	**5**	**9**	**2**	1 / 6	**7**	**3**
E	6 / 7	**2**	1 / 7	**8**	**3**	**4**	1 / 5 6	**9**	1 / 5 6
F	**9**	**3**	**5**	**1**	**6**	**7**	**8**	**2**	**4**
G	3 / 4	**7**	2 3	**6**	1 2 / 4	**9**	1 2 3 / 4	**5**	**8**
H	**1**	**8**	2 3 / 6	4 7	2 / 4 7	**5**	2 3 / 4	3 / 6	**9**
I	**5**	4 6 9	2 6 9	**3**	1 2 / 4	**8**	**7**	1 / 6	1 2

Abbildung 68: Zwischenstand von Übungsrätsel 68 *UR+3x/1SL* mit yb.

Übungsrätsel 69 UR+3x/1SL mit yab

M384, R414

Abb. 69 zeigt den Zwischenstand von Übungsrätsel 69. Das gesuchte *UR+3x/1SL* mit yab befindet sich in (47)[AI89]. Wegen des starken Paars in 4[A9]=4[I9] folgt:

- 47,X=6 in A9,

- 47,Z=6 in I9 und

- 47,y=8 in I8.

Das Brückenfeld (y=6,b=7)[I2] steht nicht im Block des abX Feldes. Damit kann b=7 in I9 ausgeschlossen werden. Das ist die bereits zuvor geübte zweite Variante des *UR+3x/1SL*, mit by als Brückenfeld, bei der im abZ-Feld Kandidat b ausgeschlossen werden kann.

Wegen des starken Paars 4[I8]=4[I9] gilt aber auch folgendes *UR+3x/1SL*:

- (a=4,b=7,X=8)[I8],

- (a=4,b=7,Z=6)[I9] und

- (a=4,b=7,y=6)[A9],

bei welchem nun das Brückenfeld (y=6,b=7)[H9] im Block des abZ-Feldes steht, womit b=7 sowohl im abX Feld I8 als auch im abZ Feld I9 ausgeschlossen werden kann.

	1	2	3	4	5	6	7	8	9
A	7 6	5	9	2	8	3	1	4 7	4 7 6
B	3	2	7 6	4	9	1	8 6	7 8	5
C	4	8	1	6	5	7	3	2	9
D	7 6	3	2	1	7 6	9	4	5	8
E	1	9	4	5	2	8	7	6	3
F	8	7 6	5	3	7 6	4	9	1	2
G	5	4	8	7	3	6	2	9	1
H	9	1	7 6	8	4	2	5	3	7 6
I	2	7 6	3	9	1	5	8 6	4 7 8	4 7 6

Abbildung 69: Zwischenstand von Übungsrätsel 69 *UR+3x/1SL* mit yab.

Übungsrätsel 70 UR+3x/1SL mit yab

M384, R415

In der Spielstellung von Abb. 70 befindet sich das *UR+3x/1SL* mit yab in (17) [AF56]. Zwei starke Paare 7 [A6]=7 [F6] und 7 [F5]=7 [F6] erlauben zwei verschiedene *UR+3x/1SL*:
Mit dem starken Paar 7 [A6]=7 [F6] in Spalte 6 folgt:

- (7=a,1=b,X=4) [A6],

- (7=a,1=b,Z=4) [F6] und

- (7=a,1=b,y=5) [F5],

das in Zeile F ein Brückenfeld mit mindestens y=5 und höchstens y=5,a=7,b=1 als Kandidaten erfordert. So eine Brückenfeld ist nicht vorhanden und es kommt zu keinem Ausschluss. Mit dem starken Paar 7 [F5]=7 [F6] in Zeile F folgt:

- (7=a,1=b,X=5) [F5],

- (7=a,1=b,Z=4) [F6] und

- (7=a,1=b,y=4) [A6],

das in Spalte 6 ein Brückenfeld mit mindestens y=4 und höchstens y=4,a=7,b=1 erfordert. Mit F4 als Brückenfeld, das im Block (im Wirkungsbereich) von (7=a,1=b,X=5) [F5] steht, gehört dieses *UR+3x/1SL* zur dritten Variante, mit der 1=b sowohl in F5 als auch F6 ausgeschlossen werden kann.

	1	2	3	4	5	6	7	8	9
A	1 2	5	2 4	9	1 7	1 4 7	8	3	6
B	3	1 4	9	8	2	6	1 4	5	7
C	6	8	7	4 5	1 5	3	9	1 4	2
D	1 2	3	6	2 4	8	9	7	1 4	5
E	7	1 4	5	6	3	1 4	2	8	9
F	8	9	2 4	2 4 5	1 5 7	1 4 7	1 4	6	3
G	9	2	8	1	6	5	3	7	4
H	5	7	1	3	4	2	6	9	8
I	4	6	3	7	9	8	5	2	1

Abbildung 70: Zwischenstand von Übungsrätsel 70 *UR+3x/1SL* mit yab.

Übungsrätsel 71 UR+3X/1SL mit X

M392, R416

Nach *Einsern, Block-Reihen Wechselwirkung* und einem versteckten Eindeutigkeitsrechteck *UR+2B/1SL* (37) [DH13] mit [D1]≠3 erreicht man den in Abb. 71 gezeigten Spielstand. Das *UR+3X/1SL* mit X ist in (49) [BC49] zu finden. Mit dem starken Paar 4[B4]=4[C4] folgt die Ausrichtung:

- (4=a,9=b,26=X) [B4],

- (4=a,9=b,Z=7) [C4] und

- (4=a,9=b,15=Y$_2$) [C9].

Es muss in Zeile C also noch zwei Brückenfelder mit der Belegung 1 und/oder 5 geben und mit 4=a und falls das Brückenfeld im Wirkungsbereich des abX Feldes B4 steht, dann auch mit 9=b. Die beiden Felder (15=U,4=a) [C7] und (15=U,4=a) [C8] erfüllen diese Bedingung, womit im abX Feld B4 b=9 ausgeschlossen werden kann.

Übungsrätsel 72 UR+3X/1SL mit Z

M392, R417

Abb. 72 zeigt den Zwischenstand von Übungsrätsel 72 wie er sich nach ein paar *gebundenen Sets*, und einem versteckten Eindeutigkeitsrechteck vom Typ 2 *UR+2B/1SL* (29) [GH28] mit H8≠9 darstellt.

Das *UR+3X/1SL* mit Z verteilt sich über (36) [DF19].

Mit dem starken Paar 6[D1]=6[D9] folgt

- (6=a,3=b,17=X) [D1],

	1	2	3	4	5	6	7	8	9
A	3 4 9	3 4	3 9	**1**	**8**	**5**	**6**	**2**	**7**
B	**5**	**7**	**1**	2 4 6 9	6 9	2 9	**8**	**3**	4 9
C	**8**	**2**	**6**	4 7 9	**3**	7 9	1 4 5	1 4 5	1 4 5 9
D	4 6 7 9	3 4 5	3 7 9	3 7 9	**2**	1 3 7 9	1 3 4 5	1 4 5 6	**8**
E	3 6 7	3 5	**2**	**8**	**4**	1 3 7	**9**	1 5 6	1 5
F	3 4 9	**1**	**8**	3 9	**5**	**6**	3 4	**7**	**2**
G	**1**	**9**	**5**	2 3	6 7	2 3	4 7	**8**	4 6
H	3 7	**8**	3 7	5 6	1 6	**4**	**2**	**9**	1 5 6
I	**2**	**6**	**4**	5 9	1 7 9	**8**	1 5 7	1 5	**3**

Abbildung 71: Zwischenstand von Übungsrätsel 71 *UR+3X/1SL* mit X.

- $(6=a, 3=b, 7=Z) [D9]$ und

- $(6=a, 3=b, 24=Y_2) [F9]$.

Dazu braucht man zwei Brückenfelder in Spalte 9 mit 2 und/oder 4 und mit 3=b und falls im Wirkungsbereich von D1, dann auch mit 6=a. Oder zwei Brückenfelder in Spalte 9 mit 2 und/oder 4 und mit 6=a und falls im Wirkungsbereich von D1, dann auch mit 3=b. Brückenfelder mit dieser Eigenschaft gibt es nicht in dieser Spielstellung und es kommt zu keinem Ausschluss.

Mit dem starken Paar 6[D9]=6[F9] folgt

- $(6=a, 3=b, 24=X) [F9]$,

- $(6=a, 3=b, 7=Z) [D9]$ und

- $(6=a, 3=b, 17=Y_2) [D1]$.

Dazu braucht man zwei Brückenfelder in Zeile D mit 1 und/oder 7 und mit 3=b, und falls das Brückenfeld im Wirkungsbereich von F9 steht, dann auch mit 6=a. Oder zwei Brückenfelder in Spalte 9 mit 2 und/oder 4 und mit 6=a, und falls das Brückenfeld im Wirkungsbereich von F9 steht, dann auch mit 3=b. Ersteres ist der Fall, womit 3=b im abZ-Feld D9 ausgeschlossen werden kann.

	1	2	3	4	5	6	7	8	9
A	3 7	**1**	**5**	**8**	**9**	**6**	**2**	**4**	3 7
B	8 9	4 6 7 9	4 8	**1**	**2**	**3**	7 9	6 8	**5**
C	**2**	3 6 9	3 8	**4**	**7**	**5**	3 9	6 8	**1**
D	1 3 6 7	3 7	**2**	**9**	**8**	**4**	**5**	1 3 7	3 6 7
E	5 8	4 5 7	1 4 8	**3**	**6**	**2**	4 7	1 7 9	4 7 9
F	3 6	3 4	**9**	**7**	**5**	**1**	**8**	2 3	2 3 4 6
G	**4**	2 9	**6**	**5**	**3**	**7**	**1**	2 9	**8**
H	5 9	2 5 9	1 3	**6**	1 4	**8**	3 4 7	2 3 7	2 3 4 7 9
I	1 3	**8**	**7**	**2**	1 4	**9**	**6**	**5**	3 4

Abbildung 72: Zwischenstand von Übungsrätsel 72 *UR+3X/1SL* mit Z.

Übungsrätsel 73 UR+3X/2SL M400, R418

▷ Nach den üblichen *Einsern* und *Block-Reihen Ausschlüssen,*

▷ einem *nackten Paar* in Spalte 1 mit [D1]≠9, [F1]≠9 und [H1]≠1,

▷ einem *nackten Dreier* in Spalte 9 mit [H9]≠1, [H9]≠8, [I9]≠9 und [I9]≠8,

▷ *Block-Reihen Ausschlüssen* mit [D8]≠8, [E8]≠8 und [F8]≠8,

▷ folgt in (57)[BD13] ein *UR+2X/1SL*, mit [D1]≠5 und [D3]≠9.

▶ Der erreichte Spielstand ist in Abb. 73 gezeigt. Das eigentliche *UR+3X/2SL* befindet sich in (59)[FI23]. Die beiden starken Bindungen sind a = 5[I2] = 5[I3] und b = 9[F2] = 9[I2]. Damit kann in F2 die 5 und in I3 die 9 ausgeschlossen werden, sowie [I2]≠2 und [I2]≠4.

▷ Damit folgen *Einser* [I9]=2, [H9]=7 und [I5]=7, sowie [H5]≠7.

▷ Mit dem anschließenden *M-Ring*

$$5[I3] - 5[F3] = 9[F3] - 9[F2] = 9[I2] - 5[I2] = 5[I3]$$

mit [B3]≠5 und [F8]≠9 ist bis auf einen späteren *nackten Dreier* in Zeile E und einem *xy-Flügel* der Rest des Rätsels mit *Einsern* und *Block-Reihen Ausschlüssen* zu lösen.

Übungsrätsel 74 UR+3C/2SL M402, R419

Der Zwischenstand von Übungsrätsel 74 (Abb. 74) ist ohne höhere Methoden erreichbar. Das zu suchende Rechteck lautet: (89)[DF49]. Mit den beiden verbundenen starken Paaren:

8[D4]=8[F4]=8[F9]

folgt [F4]≠9=b.

	1	2	3	4	5	6	7	8	9
A	1 9	3	1 9	8	6	2	4	7	5
B	7 5	6	7 5	9	1 4	1 4	8	2	3
C	4	8	2	5	3	7	1 6 9	1 6 9	1 9
D	7 8 6	1	4 7 6 9	2	5 8	8 6	3	4 5 9	8 9
E	5 6 8	4 5	3	7	9	1 6 8	2	1 4 5	1 8
F	2 5 8	2 5 9	5 9	4	1 5 8	3	7	1 5 9	6
G	1 9	7	8	6	2	5	1 9	3	4
H	2 6	2 4	1 4 6	3	4 7 8	9	5	1 6 8	2 7
I	3	2 4 5 9	4 5 6 9	1	4 7 8	4 8	6 9	6 8 9	2 7

Abbildung 73: Zwischenstand von Übungsrätsel 73 *UR+3X/2SL.*

	1	2	3	4	5	6	7	8	9
A	1	3 5	7	2 9	8	2 6 9	4	3 6	5 6 9
B	8	2	4	5 9	3	5 6 9	6 9	1	7
C	6	3 5	9	4	1	7	2 3	2 3 8	5 8
D	4	6	2	1 3 8 9	5	1 3 9	7	3 8	8 9
E	9	8	3	7	6	4	1	5	2
F	7	1	5	3 8 9	2	3 9	3 6 9	4	6 8 9
G	5	9	6	2 3	4	2 3	8	7	1
H	2	4	1	6	7	8	5	9	3
I	3	7	8	1 5	9	1 5	2 6	2 6	4

Abbildung 74: Zwischenstand von Übungsrätsel 74 UR+3C/2SL.

Übungsrätsel 75 UR+3N/2SL M406, R420

Nach dem üblichen Vorspiel erreicht man den in Abb. 75 gezeigten Zwischenstand, bei dem sich unter (56)[EF38] ein Zweilösungsmuster verbirgt. Mit den starken Paaren 6[E8]=6[F8], 6[F3]=6[F8], 5[E3]=5[F3] kann man E8 als das abY-Feld festlegen, in dem man a=6 ausschließen kann.

Übungsrätsel 76 UR+3U/2SL M408, R421

In der Spielstellung von Abb. 76 liegt ein *UR+3U/2SL* verborgen. Das Fundament bildet wieder ein Zweilösungsmuster (49)[EF25]. Mit den beiden ungleichen parallelen starken Paaren b=9[E2]=9[F2] und a=4[E5]=4[F5] folgt [E2]≠4.

Übungsrätsel 77 UR+3E/2SL M410, R422

In der in Abb. 77 gezeigten Zwischenstellung sind zwei *UR+3E/2SL* ausfindig zu machen.

Das erste Rechteck befindet sich in (49)[AB15]. Mit den beiden gleichen parallel angeordneten starken Paaren 4[A1]=4[A5] und 4[B1]=4[B5] folgt [A1]≠9. Der Ausschluss ist ebenso mit den zwei starken Paaren 4[A1]=4[B1] und 4[A5]=4[B5] zu erzielen.

Ein zweites *UR+3E/2SL* liegt in (38)[BE23], mit dem man die 8 in B3 ausschließen kann.

	1	2	3	4	5	6	7	8	9
A	2	7 6	7 6	5	4	9	3	8	1
B	3	5	1	7	2	8	9	4	6
C	9	8	4	1	6	3	2 5 7	5 7	2 5
D	4 7	4 3 7	8	6	1 3 5	2	4 5 7	1 5 7	9
E	4 6 7	2 3 4 6 7	2 3 5 6 7	8	9	1 5	2 4 5 7	1 5 6 7	2 3 4 5
F	1	9	2 3 5 6	4	3 5	7	8	5 6	2 3 5
G	7 8	1 3 7	3 7	9	1 5 7 8	4	6	2	5 8
H	5	4 7	9	2	7 8	6	1	3	4 8
I	4 6 8	1 2 4 6	2 6	3	1 5 8	1 5	4 5	9	7

Abbildung 75: Zwischenstand von Übungsrätsel 75 *UR+3N/2SL*.

	1	2	3	4	5	6	7	8	9
A	4 6	2 8	4 6 9	5 6 8 9	1	5 8	2 4	7	3
B	7	2 8	4 6 9	6 8 9	6 8 9	3	5	2 4	1
C	1	3	5	7	2	4	9	6	8
D	5	7	2	1	3	6	8	9	4
E	8	1 4 9	1 4 6	2 5 9	4 9	7	3	1 2 5	5 6
F	3 4 6	1 4 9	1 3 4 6	2 5 8 9	4 8 9	2 5 8	2 6	1 2 5	7
G	3 4	1 4 5	1 3 4 7	2 3 6 8	6 7 8	2 8	4 6	4 5 8	9
H	2	4 5	3 4 7	3 6 8	6 7 8	9	1	4 5 8	5 6
I	9	6	8	4	5	1	7	3	2

Abbildung 76: Zwischenstand von Übungsrätsel 76 *UR+3U/2SL.*

	1	2	3	4	5	6	7	8	9
A	4 7 8 9	2 8	5 7 8 9	1 5 7 9	1 4 9	6 8	2 9	5 6	3
B	4 7 8 9	2 3 8	3 5 7 8 9	5 7 9	4 9	6 8	2 9	5 6	1
C	1	6	5 9	5 9	2	3	7	8	4
D	2	9	4	3	7	5	6	1	8
E	6 8	3 8	1 3 8	4	1 6	9	5	7	2
F	6 7	5	1 7	1 6	8	2	3	4	9
G	5	1	6	2 9	3	4	8	2 9	7
H	8 9	7	2 8 9	2 6 9	6 9	1	4	3	5
I	3	4	2 9	8	5	7	1	2 9	6

Abbildung 77: Zwischenstand von Übungsrätsel 77 *UR+3E/2SL*.

Übungsrätsel 78 verschiedene UR R423

Der in Abb. 78 gezeigte Zwischenstand ist mit mehreren Eindeutigkeitsrechtecken zu bewerkstelligen:

▶ $UR+2B/1SL$ (27) [AE46] mit [E4] $\neq$ 7,

▶ $UR+3N/2SL$ (38) [HI57] mit [H7] $\neq$ 3,

▷ *Einser*,

▶ $UR+3U/2SL$ (78) [HI25] mit [I2] $\neq$ 8,

▷ *X-Flügel* und *Einser*.

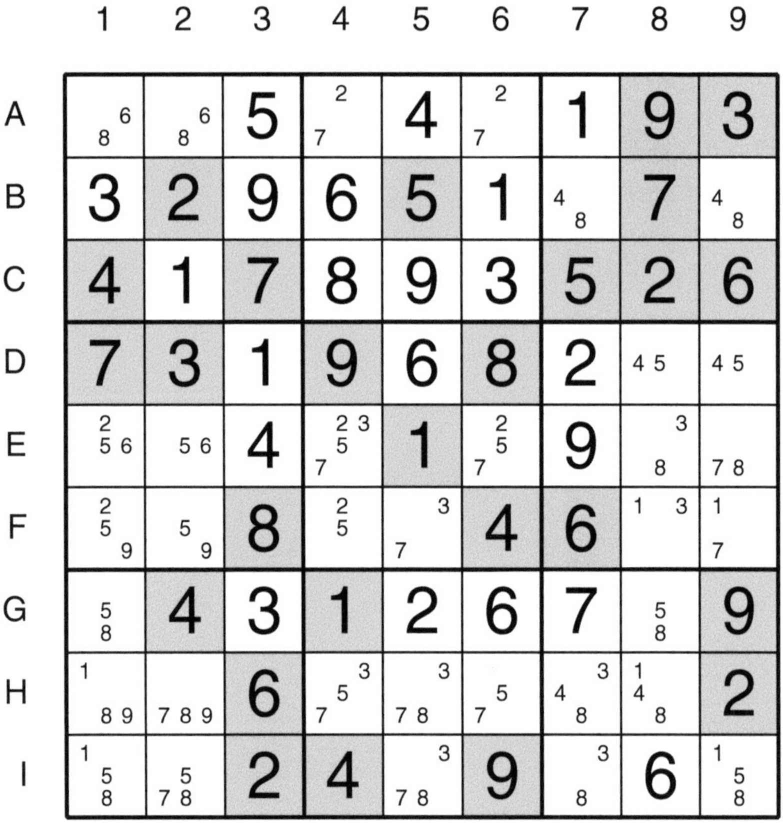

Abbildung 78: Zwischenstand von Übungsrätsel 78 verschiedene UR.

Übungsrätsel 79 UR+4x/1SL M424, R441

In der Spielstellung von Abb. 79 bildet $UR+4x/1SL$ (43)[GI39] das leichteste UR. Mit dem starken Paar 4[G3]=4[I3] ergeben sich keine passenden Brückenfelder um G9 und I9. Doch mit 4[I3]=4[I9] ergibt sich eine passende Stellung. Als Orientierungshilfe dient:

- a=4, b=3

- (W=8)[I9]

- (X=23)[I3]

- (y=6)[G9]

- (z=9)[G3]

- Brückenfelder (b=3,z=9)[G1] und (a=4,y=6)[G8]

- I3$\neq$3

Das (ab)y-Feld kann a=4 (a, den Kandidaten der das starke Paar beisteuert) enthalten, wenn es im Wirkungsbereich von abW, hier also I9 steht. Das (ab)z-Feld kann b=3 enthalten, wenn es im Wirkungsbereich von abX steht, hier also in I3. Somit kann b=3 im abX-Feld I3 ausgeschlossen werden.

Übungsrätsel 80 UR+4X/1SL M428, R442

Das $UR+4X/1SL$ des in Abb. 80 gezeigten Zwischenstandes befindet sich in den Feldern (34)[BH78]. Es gilt

- starkes Paar a = 3[B8]=3[H8]

- b=4

147

	1	2	3	4	5	6	7	8	9
A	**4**	2 7	1 5	7 8	1 8	2 5	**6**	**3**	**9**
B	7 8	**3**	2 8	**4**	**6**	**9**	**5**	**1**	2 7
C	1 5 9	**6**	1 5 9	3 7	1 3	2 5	**8**	2 4 7	2 4 7
D	**2**	7 8	**6**	5 8	4 5 8 9	**3**	1 4 9	7 8 9	1 5 7 8
E	1 3 5 8	**9**	1 3 5 8	2 5 6 8	2 4 5 8	**7**	3 4	2 6 8	2 3 5 6 8
F	3 5 7 8	**4**	3 5 8	2 5 6 8	2 5 8 9	**1**	3 9	2 6 7 8 9	2 3 5 6 7 8
G	3 9	**5**	3 4 9	**1**	**7**	**8**	**2**	4 6	3 4 6
H	**6**	2 8	**7**	2 3 5	2 3 5	**4**	1 3 9	8 9	1 3 8
I	3 8	**1**	2 3 4 8	**9**	2 3	**6**	**7**	**5**	3 4 8

Abbildung 79: Zwischenstand von Übungsrätsel 79 *UR+4x/1SL*.

- (W=6) [B8]

- (X=68) [H8]

- (Y=1) [B7]

- (Z=2) [H7]

- (U=13) [C7]

- (V=468) [G7]

- H8≠4

Damit kann b=4 im abX-Feld H8 ausgeschlossen werden.

Übungsrätsel 81 UR+4x/2SL M432, R443

In der in Abb. 81 gezeigten Spielstellung gibt es ein *UR+4x/2SL*
[A3|G1] mit zwei verschiedenen Interpretationen.

Beim erstem mit (41) als UR Kandidaten kann (19)[A7] nicht als
Brückenfeld dienen, aber (b=1,y=9)[H1]. Die Lage der einzelnen UR
Felder ist wie folgt:

- (41) [AG13]

- vier starke Paare in a=4, davon 4[A3]=4[G3]=4[G1]

- Brückenfeld H1 mit (y=9,b=1) im Wirkungsbereich des abX-
  Feldes A3, deshalb mit b=1.

- (W=9) [A3]

- (X=39) [G3]

- (y=9) [A1]

	1	2	3	4	5	6	7	8	9
A	6	1	3	4 5 9	2	5 9	8	7	4 5
B	5	8	9	7	4 6	1 3 4	1 3 4	4 3 6	2
C	7	4	2	1 5 6	8	1 3 5	1 3	9	5 6
D	4	9	8	3	5	6	7	2	1
E	3	5	6	2	1	7	9	4 8	4 8
F	2	7	1	8	9	4	6	5	3
G	8 9	2 6	5	1 4 6 9	3	1 8 9	4 2	4 6 8	7
H	1	2 6	7	4 5 6	4 6	5 8	4 2 3	4 3 6 8	9
I	8 9	3	4	6 9	7	2	5	1	6 8

Abbildung 80: Zwischenstand von Übungsrätsel 80 *UR+4X/1SL*.

- (Z=39)[G1]

b=1 kann im abX-Feld G3 ausgeschlossen werden.

Beim zweiten mit (49) als UR Kandidaten und denselben starken Paaren in der 4 kann H1 als Brückenfeld mit (b=9,y=1)[H1] dienen, d. h. durch Rollentausch zwischen der 1 und der 9 entsteht ein weiteres *UR+4x/2SL*:

- (49)[AG13]

- (W=1)[A3]

- (X=13)[G3]

- (y=1)[A1]

- (Z=13)[G1]

womit im abX-Feld G3 nun b=9 ausgeschlossen werden kann.

Übungsrätsel 82 UR+4X/2SL M434, R444

In Abb. 82 befindet sich das *UR+4X/2SL* in (47)[HI18], womit die 7 in I8 ausgeschlossen werden kann. Im Einzelnen gilt:

- starke Paare in a=4: 4[I1]=4[I8]=4[H8]

- (X=6)[I8]

- Brückenfeld a=4,U=9[D1] in Spalte 1

- (Z=8)[I1]

- (W=6)[H8]

- (Y=9)[H1]

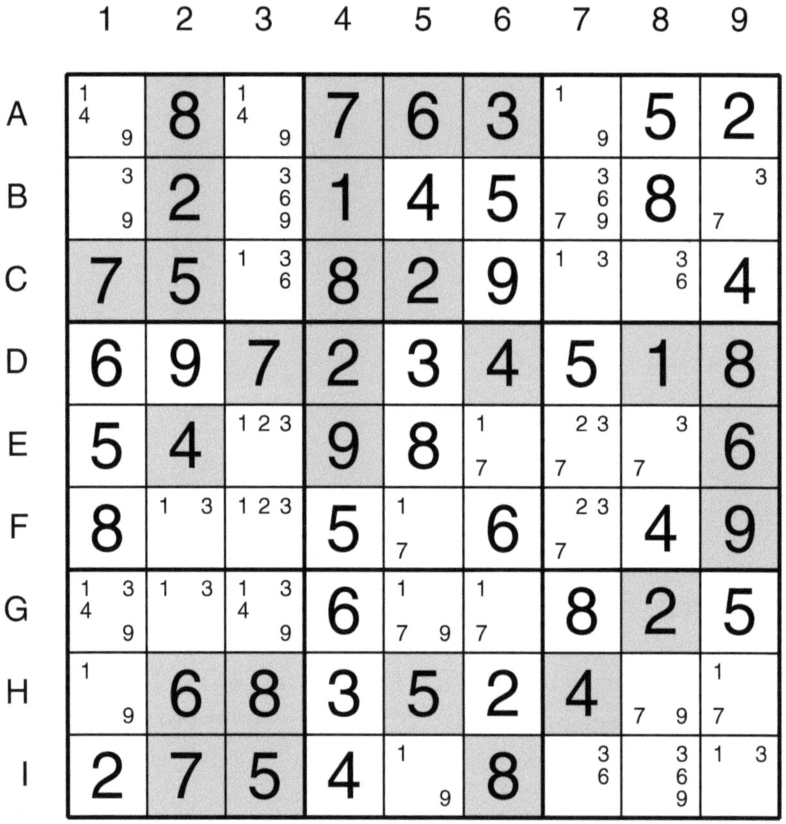

Abbildung 81: Zwischenstand von Übungsrätsel 81 *UR+4x/2SL*.

In den Brückenfeldern, hier gibt es nur eins, muss U Teilmenge von Y sein, was mit U=9=Y erfüllt ist. D1 kann a=4 enthalten. Weiterhin kann D1 b=7 enthalten, falls es im Wirkungsbereich des abX-Feldes I8 steht. Da D1 nicht im Wirkungsbereich von I8 steht, darf es auch kein b=7 enthalten, was ebenfalls erfüllt ist.

Damit kann b=7 im abX-Feld I8 ausgeschlossen werden.

Übungsrätsel 83 UR+4C/3SL M436, R445

Nach *Einsern* und einem *nackten Dreier* in Block IV ist der in Abb. 83 gezeigte Spielstand erreicht.

Das *UR+4C/3SL* befindet sich in (12)[AC39], womit b=2 im abZ-Feld A9 ausgeschlossen werden kann.

Im Einzelnen gilt:

- (12)[AC39]

- starke Paare in a=1: 1[A3]=1[A9]=1[C9]

- starkes Paar in b=2 2[A3]=2[C3]

- (Z=9)[A9]

- (W=7)[A3]

- (Y=37)[C3]

- (X=3)[C9]

	1	2	3	4	5	6	7	8	9
A	2 8 9	2 8 9	2 9	4	5	7	6	1	3
B	6	1	5	8	3 9	3 9	7	2	4
C	3	4	7	1 6	2	1 6	9	8	5
D	4 9	3 9	8	1 3	6	1 4 9	2	5	7
E	5	6	1	3 7	7 9	2	4	3 9	8
F	2 4 7 9	2 3 7 9	2 4 9	3 5	8	4 5 9	1	3 9	6
G	1	2 7 8	2 6	5 6 7	4	5 6 8	3	6 7	9
H	4 7 9	5	4 6 9	2	3 7	3 6	8	4 6 7	1
I	4 7 8	7 8	3	9	1	6 8	5	4 6 7	2

Abbildung 82: Zwischenstand von Übungsrätsel 82 *UR+4X/2SL.*

	1	2	3	4	5	6	7	8	9
A	4	7 9	1 2 7	3	8	6 7	2 5 6 9	5 6 9	1 2 9
B	3 9	5	6	4	1	2	7	8	3 9
C	1 3 7	8	1 2 3 7	9	6 7	5	2 6	4	1 2 3
D	6	3 4 7	3 7	1	2	8	4 9	7 9	5
E	2	4 7	5 8	5 7	3	9	4 8	1	6
F	5 8	1	9	5 6 7	6 7	4	3	2	7 8
G	1 5 7 9	6 7 9	1 5 7	8	4	3	2 5 6 9	5 6 7 9	2 9
H	7 8 9	2	7 8	6 7	5	1	6 8 9	3	4
I	3 5 7 8	3 6 7	4	2	9	6 7	1	5 6 7	7 8

Abbildung 83: Zwischenstand von Übungsrätsel 83 *UR+4C/3SL.*

Übungsrätsel 84 verschiedene UR R446

▷ Nach den *Einsern* folgt ein

▷ *verweisendes Paar* mit [G7]≠1 und [I7]≠1, Kandidaten, die man in Phase 2 nicht eingetragen hätte.

Nun folgt:

▷ Ein *nacktes Paar* in Spalte 4 mit [G4]≠4 und [I4]≠4 und ein *nacktes Paar* in Zeile I und Block IX mit [I5]≠2, [I5]≠4, [I9]≠2, [I9]≠4, [G7]≠4 und [G9]≠4.

▷ Ein *Einser* [G5]=4.

▷ Ein *verweisendes Paar* in Block VIII und Zeile H mit [H9]≠2.

▷ Ein *verweisendes Paar* in Block II und Zeile C mit [C7]≠4.

Der Zwischenstand ist in Abb. 84 gezeigt. Es lassen sich bei diesem Stand zwar mittels Einziffermethoden wie *Farbzuweisung* oder *x-Ketten* in der 2 einige Kandidaten ausschließen ([A2]≠2, [D1]≠2 und [E7]≠2), jedoch soll hier für Übungszwecke der Lösungsweg mit *Eindeutigkeitsrechtecken* beschritten werden.

Es gilt nun mindesten eines von mehreren möglichen schwierigeren UR im Zwischenstand von Abb. 84 zu finden.

▶ Ein *UR+2kx* (24) [AI78] mit [A9] als Brückenfeld und [A7]≠2 und da das Brückenfeld [A9] mit **aby** im Block des **abX**-Feldes [A8] steht, gilt ebenso [A7]≠4.

▶ Oder ein *UR+2D/1SL* (49) [DF69] mit [F6]≠9.

▶ Oder ein *UR+3x/1SL* (Variante mit yb) (12) [BC17] mit [B1]≠2,

▶ das ebenso als ein *UR+3X/1SL* (Variante mit Z), als ein *UR+3C/2SL* als auch als ein *UR+3E/2SL* mit dem selben Ausschluss [B1]≠2 gesehen werden kann.

▶ Oder ein *UR+3U/2SL* (26) [HC56] mit [C6]≠2.

▶ Oder ein *UR+4C/3SL* (82) [AD89] mit [D8]≠2.

▷ Nun kann man mit Einziffermethoden 2er Kandidaten ausschließen und unschwierig mit *Einsern* zur Lösung fortschreiten.

	1	2	3	4	5	6	7	8	9
A	2 3 9	2 3	6	5	2 3 7 8 9	1	2 4 7 8	2 4 8	2 4 8
B	1 2 9	4	5	7 8	2 7 8 9	2 7 9	1 2 7 8	6	3
C	1 2 3	8	7	3 4	2 3 6	2 4 6	1 2	9	5
D	2 3	7	1	3 4	5	4 9	6	2 4 8	2 4 8 9
E	4	2 3	9	6	1	8	2 3	5	7
F	6	5	8	2	3 7 9	4 7 9	3 4 9	1	4 9
G	5	6	2	1 8	4	3	8 9	7	1 8 9
H	7	1	4	9	2 6 8	2 6	5	3	6 8
I	8	9	3	1 7	6 7	5	2 4	2 4	1 6

Abbildung 84: Zwischenstand von Übungsrätsel 84 verschiedene UR.

Übungsrätsel 85 BUG+2 M454, R461

In der Spielstellung von Abb. 85, die mit leichten Mitteln zu erreichen ist, gibt es zwei dreiwertige Felder C1 und G5. Die 5 in C1 kommt in allen drei Einheiten dreimal vor, ist also nicht Teil des Zweizifferngrabs. Ebenso die 5 in G5. Mindestens einer der beiden 5er muss wahr sein um das Zweizifferngrab zu verhindern. Die 5 in G1 sieht beide 5er und kann deshalb ausgeschlossen werden.

Übungsrätsel 86 BUG+2 M454, R467

In der Spielstellung von Abb. 86 liegt ein BUG+2 verborgen. Die 4[D7] und die 7[D9] kommen in allen drei Einheiten dreimal vor. Mindestens einer der beiden Kandidaten muss wahr sein, um das Zweizifferngrab zu verhindern. Beide Kandidaten (als gedachtes zweiwertiges Feld wie beim UR+2X) bilden mit (47)[C8] ein nacktes Paar, mit welchem vier Ausschlüsse zu erzielen sind: [D2]≠7, [D5]≠4, [E7]≠4 und [E9]≠7.

	1	2	3	4	5	6	7	8	9
A	2 5	7	3	4	1	8	5 6	2 6	9
B	8	4 5	9	7	2 5	6	1	4 2	3
C	4 2 5	6	1	3	9	2 5	4 5	8	7
D	3	8	5	2	6	4	9	7	1
E	6	1	4	5	7	9	2	3	8
F	7	9	2	1	8	3	4 6	4 6	5
G	4 5	3	8	9	2 4 5	2 5	7	1	6
H	1	4 5	6	8	4 5	7	3	9	2
I	9	2	7	6	3	1	8	5	4

Abbildung 85: Zwischenstand von Übungsrätsel 85 *BUG+2.*

	1	2	3	4	5	6	7	8	9
A	7	9	3	8	2	4	1	6	5
B	6	1	2	7	5	9	3	8	4
C	4	5 8	5 8	1	6	3	7	9	2
D	5	6 7	1	3	4 9	2	4 6 8	4 7	7 8 9
E	8	3	6 7	5	4 9	1	4 6	2	7 9
F	9	2	4	6	8	7	5	1	3
G	3	7 8	9	2	1	5	4 8	4 7	6
H	1	4	7 8	9	3	6	2	5	7 8
I	2	5 6	5 6	4	7	8	9	3	1

Abbildung 86: Zwischenstand von Übungsrätsel 86 *BUG+2*.

B8	B9	zweiwertiges Feld
2̸	1̸	(12)[C9]
2̸	5̸	(25)[B2]
7	1	
7	2	
7	5	

Tabelle 2: Belegungsmöglichkeiten der beiden Blockreihenfelder (27)[B8] und (125)[B9] im Spielstand von Abb. 87.

Übungsrätsel 87 ausgerichtetes Paar, APE

M475, R484

▷ Nach *Einsern* und Phase 2 folgt der in Abb. 87 gezeigte Zwischenstand.

▶ Hier gibt es neben einem hier nicht weiter beachteten *xyz-Flügel* xyz-wing in [B9],[C9] und [B2] mit [B8]$\neq$2 zwei *ausgerichtete Paare*: Die beiden Blockreihenfelder (27)[B8] und (125)[B9] erlauben die in Tabelle 2 aufgelisteten Belegungskombinationen.

Die beiden zweiwertigen Felder (12)[C9] und (25)[B2] verhindern die zwei Kombinationen (2)[B8] (1)[B9] und (2)[B8] (5)[B9], womit die verbleibenden Kombinationen für B8 keine 2 mehr enthalten. Die 2 kann in B8 ausgeschlossen werden.

▷ Danach folgen nur noch *Einser*.

	1	2	3	4	5	6	7	8	9
A	4 7	2 5	9	6	2 4	1	8	2 3 7	2 3 5
B	1 4 7 8	2 5	6	2 4 8	3	2 7 8	9	2 7	1 2 5
C	1 7 8	3	7 8	2 8 9	5	2 7 8 9	6	4	1 2
D	2 9	7	3	2 8 9	1	2 8 9	4	5	6
E	2 5	8	1	2 4 5	2 4	6	3	9	7
F	5 9	6	4	3 5 9	7	3 5 9	2	1	8
G	7 8	4	7 8	2 3 5	9	2 3 5	1	6	2 3
H	6	9	5	1	8	2 3	7	2 3	4
I	3	1	2	7	6	4	5	8	9

Abbildung 87: Zwischenstand von Übungsrätsel 87 ausgerichtetes Paar, APE.

D4	D5	D6	zweiwertiges Feld
3	2	4	(34)[D9]
3	2	5	(25)[D1]
3	4	5	(34)[D9]
3	8	4	(34)[D9]
3	8	5	
8	2	4	(42)[F5]
8	2	5	(25)[D1]
8	4	5	

Tabelle 3: Belegungsmöglichkeiten der drei Blockreihenfelder (38)[D4], (248)[D5] und (45)[D6] im Spielstand von Abb. 88.

Übungsrätsel 88 ausgerichtetes Triplet, ATE M479, R485

▷ Nach *Einsern* und *Block-Reihen Ausschlüssen* folgt

▷ ein *nackter Einser* mit [E2]=8,

▷ und ein *nacktes Paar* in Spalte 5 mit [D5]≠3.

► Im Zwischenstand von Abb. 88 zeigen die drei Blockreihenfelder (38)[D4], (248)[D5] und (45)[D6] die in Tabelle 3 gezeigten Belegungsmöglichkeiten.

Wegen einiger zweiwertiger Felder kommen ein Großteil der Belegungskombinationen nicht zustande. In D5 kann die 2 und in D6 kann die 4 ausgeschlossen werden. In D6 kann die 5 als Lösung eingetragen werden.

▷ Damit ist das Rätsel bis auf *Einser* gelöst.

	1	2	3	4	5	6	7	8	9
A	5 7	2 4 7	4 5	**9**	**6**	**1**	3 4	2 3 4 8	3 8
B	**1**	4 6	**8**	**2**	**5**	**3**	**9**	4 6	**7**
C	**9**	2 6	**3**	7 8	4 8	4 7	**5**	2 6	**1**
D	2 5	**9**	**7**	3 8	2 4 8	4 5	**6**	**1**	3 4
E	**4**	**8**	5 6	1 3 6	1 3	5 9	**7**	3 9	**2**
F	2 6	**3**	**1**	6 7	2 4	4 7 9	**8**	**5**	4 9
G	7 8	4 7	**9**	1 3	1 3	**6**	**2**	4 8	**5**
H	**3**	**5**	**2**	**4**	**9**	**8**	**1**	**7**	**6**
I	6 8	**1**	4 6	**5**	**7**	**2**	3 4	3 4 8 9	3 8 9

Abbildung 88: Zwischenstand von Übungsrätsel 88 *ausgerichtetes Triplet, ATE.*

Übungsrätsel 89 Sue de Coq M486, R497

Nach *Einsern* und einem *Steinbutt* in der 3 mit [F1]≠3 folgt die in Abb. 89 gezeigte Zwischenstellung, bei dem die beiden Blockreihenfelder (1236)[H6] und (236)[I6] ein *Sue de Coq* bilden. Die folgenden Kandidaten können ausgeschlossen werden: [B6]≠6, [H6]≠1, [G6]≠2, [H5]≠1 und [H5]≠2.

Der Rest des Rätsels ist mit *Einsern* zu lösen.

Übungsrätsel 90 Sue de Coq M486, R498

▷ Nach *Einsern*,

▷ einem *Drachen* in der 7 mit [I3]≠7,

▷ einem *X-Flügel* in der 7 mit [G2]≠7 und [H2]≠7,

► folgt eine *Sue de Coq* Stellung (siehe Zwischenstand in Abb. 90) in den beiden Feldern (3567)[I2] und (23)[I3], mit welcher die folgenden drei Kandidaten ausgeschlossen werden können: [G3]≠3, [I8]≠2 und [I9]≠9.

Danach folgen:

▷ ein *verweisendes Paar* in Block IX und Zeile H mit [H6]≠9,

▷ ein *nacktes Paar* in Zeile G mit [G5]≠7,

▷ ein *W-Flügel* (53)[B8]-3[B3]=3[I3]-(35)[I9]: [I8]≠5, [H8]≠5, [A9]≠5.

▷ und ein *xy-Flügel* in [H6], [H8] und [G5] mit [H5]≠6.

Übungsrätsel 91 ALC M500, R511

▷ Nach *Einsern* und Block-Reihen Ausschlüssen erreicht man den in Abb. 91 gezeigten Zwischenstand.

► Betrachtet man (57)[B6] und (57)[H5], erkennt man, dass es sich um ein gleich geschaltetes Paar handelt. Da sich die beiden

	1	2	3	4	5	6	7	8	9
A	2	9	1 5 6	4 5 6	3	7	1 4 5 8	6 8	1 6 8
B	7	8	1 3 5 6	4 5 6 9	1 2 5 6	1 2 4 6	1 3 4 5 9	3 6	1 3 6 9
C	1 3 6	1 6	4	5 6 9	1 5 6	8	1 3 5 9	7	2
D	9	4	3 6 8	2	7	3 6	1 3 8	5	1 3 6 8
E	3 6 8	7	2 3 6 8	1	4	5	2 3 8	9	3 6 8
F	1 6	5	1 2 3 6	3 6	8	9	7	2 3 6	4
G	5	3	1 8 9	4 7	1 2	1 2 4	6	2 8	7 8 9
H	1 6 8	1 2 6	1 6 8 9	3 5 6 7	1 2 5 6	1 2 3 6	2 3 8 9	4	3 7 8 9
I	4	2 6	7	8	9	2 3 6	2 3	1	5

Abbildung 89: Zwischenstand von Übungsrätsel 89 *Sue de Coq.*

	1	2	3	4	5	6	7	8	9
A	6 (7, 3)	4 (3, 7)	4	(1, 7)	8	(1, 5)	(2, 9)	(2 3, 5)	(5 3, 9)
B	2	9	(3, 7)	4	(5, 7)	6	1	(5 3)	8
C	5	1	8	2	9	3	4	7	6
D	(1)	8	9	6	3	7	5	4	2
E	3	4	5	(1, 9)	2	(1, 9)	6	8	7
F	7	2	6	8	(4 5)	(4 5)	3	9	1
G	9	(3 6)	(2 3, 7)	5	(4 6, 7)	8	(2, 7)	1	(4, 3)
H	8	(5 6)	1	3	(4 6, 7)	(4, 2, 9)	(2, 7 9)	(2 5 6)	(4 5, 9)
I	4	(3 5 6, 7)	(2 3)	(7, 9)	1	(2, 9)	8	(2 3 6, 5)	(5 3, 9)

Abbildung 90: Zwischenstand von Übungsrätsel 90 *Sue de Coq.*

Kandidaten des gleich geschalteten Paares 5 und 7 innerhalb von Spalte 6 nur noch in Block VIII befinden, im Wirkungsbereich von (57)[H5], können 5[G4], 5[I4] und 7[I4] ausgeschlossen werden. Dieselben Ausschlüsse erzielt man auch mit den erweiterten *M-Flügeln*

$$-7[\text{H5}] = 5[\text{H5}] - 5[\text{G6}|\text{H6}] = 5[\text{B6}] - 7[\text{B6}] = 7[\text{H6}]- \; : \; [\text{I7}] \neq 7$$

$$-5[\text{G6}|\text{H6}] = 5[\text{B6}] - 7[\text{B6}] = 7[\text{H6}] - 7[\text{H5}] = 5[\text{H5}]- :$$

$$[\text{I7}] \neq 5, [\text{G7}] \neq 5$$

▷ Danach folgen nur noch *Einser*.

Übungsrätsel 92 ALC M504, R512

▷ Nach *Einsern* und Phase 2 ergibt sich der in Abb. 92 gezeigte Zwischenstand.

▶ Da kein gleich geschaltetes Paar zur Verfügung steht, probiert man es mit einer erweiterten Variante von *ALC*:

$$\text{mit } (39, +1 + 5)[\text{B4}] \text{ und } (39)[\text{C9}],$$

denn die 3 und die 9 befinden sich innerhalb von Zeile B nur noch in Block III, im Wirkungsbereich von [C9]. Man kann also alle weiteren 3er und 9er in Block III ausschließen: [C7]≠3 und alle weiteren Kandidaten in B4: [B4]≠1, und [B4]≠5.

▶ Danach zeigt sich in (16)[E5] (16)[A4] ein gleich geschaltetes Paar. Innerhalb von Block II stehen die 1 und die 6 nur noch in Spalte 5. Mit diesem *ALC* kann die 6 in [D5] ausgeschlossen werden.

▶ Ebenso bilden (bereits im Zwischenstand von Abb. 92) (18)[E2] und $(18, +3 + 5)[\text{F4}]$ eine *erweitertes ALC*, denn innerhalb von Block V befinden sich die 1 und die 8 nur noch in Zeile E, dem Wirkungsbereich von F4. Man kann alle weiteren 1er und 8er in Zeile E

	1	2	3	4	5	6	7	8	9
A	**1**	**4**	**2**	**8**	**9**	**3**	**6**	**5**	**7**
B	6 8 9	6 8 9	6 9	5 7	**4**	5 7	**3**	**2**	**1**
C	**7**	**3**	**5**	**1**	**2**	**6**	**9**	**8**	**4**
D	3 5 6 8	5 6 8	3 4 6	4 5 6 7	3 5 7 8	**2**	**1**	3 4 6	**9**
E	3 6 8 9	**2**	**1**	4 6 9	3 8	4 9	**7**	3 4 6	**5**
F	3 5 6 9	**7**	3 4 6 9	4 5 6 9	3 5	**1**	2 8	3 4 6	2 8
G	3 5 9	**1**	**8**	2 4 5 9	**6**	4 5 9	2 4 5	**7**	2 3
H	**2**	5 6 9	6 7 9	**3**	5 7	4 5 7 9	4 5 8	**1**	6 8
I	**4**	5 6	3 6 7	2 5 7	**1**	**8**	2 5	**9**	2 3 6

Abbildung 91: Zwischenstand von Übungsrätsel 91
unvollständig gebundene Kandidaten, ALC.

ausschließen: [E9]≠8, und alle weiteren Kandidaten in F4: [F4]≠3, [F4]≠5.

▷ Ein *xy-Flügel* in [A4] [G4] [B5] mit [C4]≠5 schließt die schwierige Phase ab. Der Rest des Rätsels kann mit *Einsern* gelöst werden.

	1	2	3	4	5	6	7	8	9
A	5	9	3	1 6 7	1 6 7	2	4 7	8	1 4
B	4	7	6	1 3 5 9	1 5	8	3 5	2	1 3 9
C	8	2	1	3 5 9	4	3 5 7 9	3 5 7	6	3 9
D	3	5 8	2	4	5 6 7	5 6 7	1	9	6 8
E	7	1 8	4	1 3 6 8 9	1 6	3 6 9	2	5	3 6 8
F	6	1 5 8	9	1 3 5 8	2	3 5	3 4	7	3 4 8
G	1	4	7	5 6	9	5 6	8	3	2
H	9	3	5	2	8	4	6	1	7
I	2	6	8	7	3	1	9	4	5

Abbildung 92: Zwischenstand von Übungsrätsel 92 unvollständig gebundene Kandidaten, ALC.

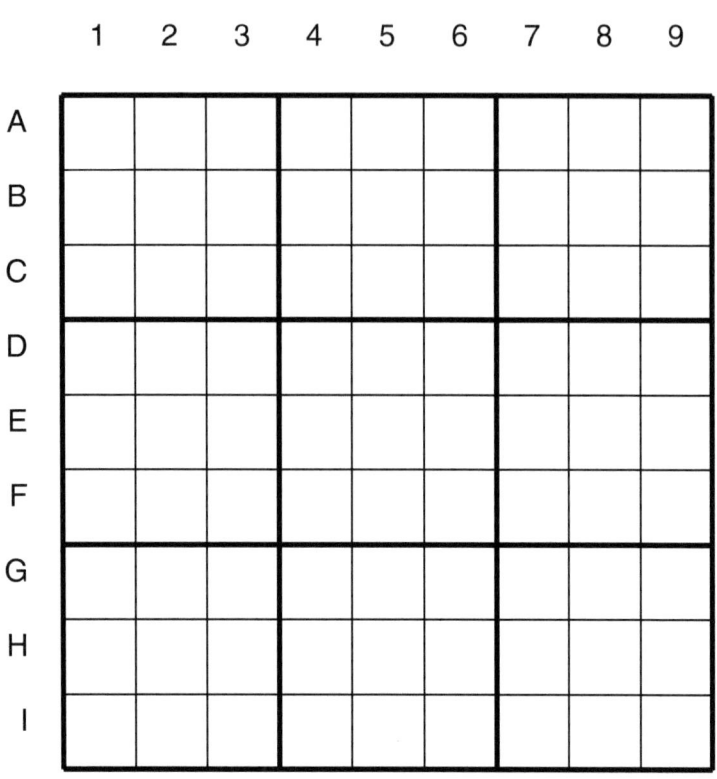

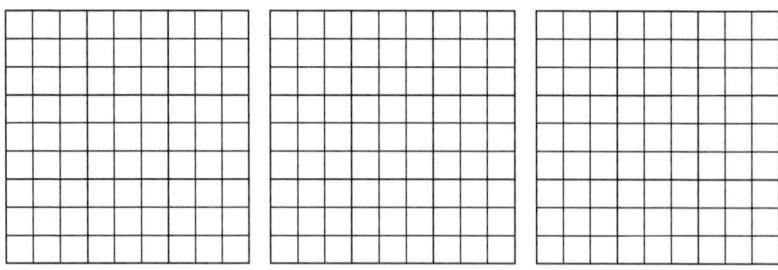

Vorlage für Belegungs- und Bindungsgraphen

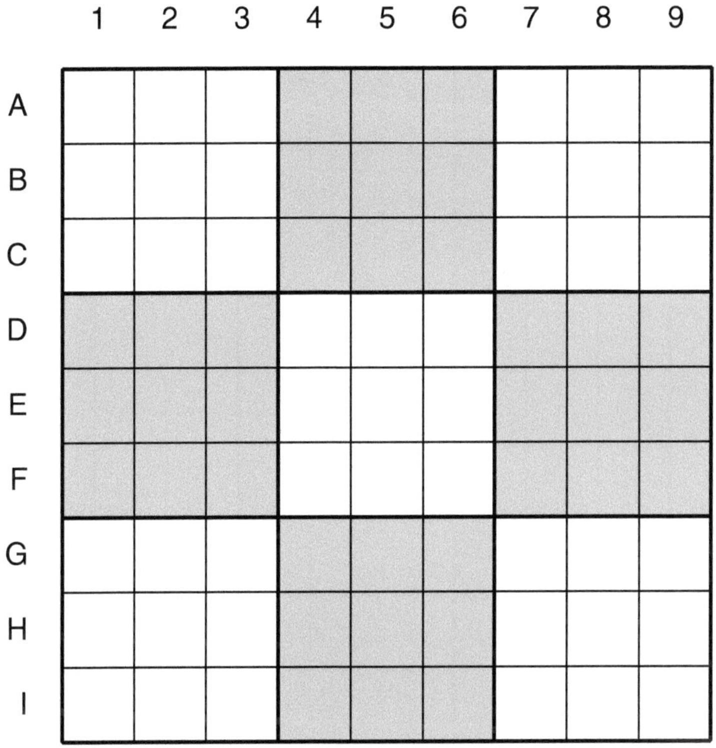

	1	2	3	4	5	6	7	8	9
A									
B									
C									
D									
E									
F									
G									
H									
I									

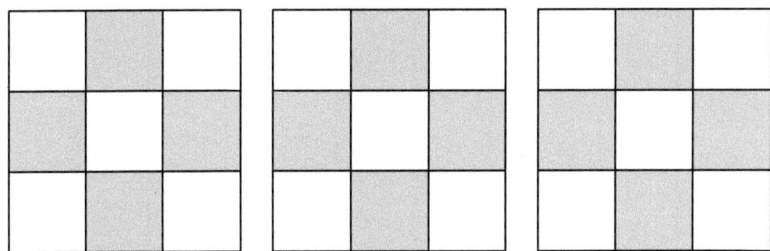

Vorlage für Belegungs- und Bindungsgraphen

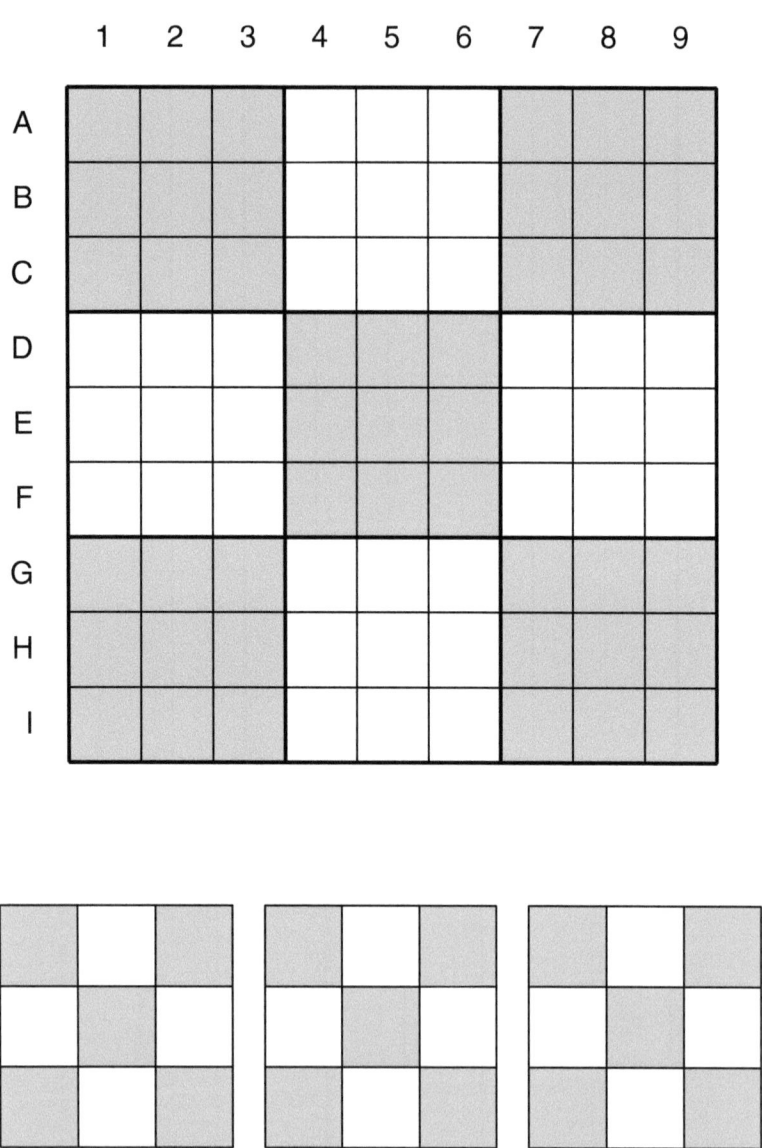

Vorlage für Belegungs- und Bindungsgraphen